前　言

近几年，随着国民经济的飞速发展，我国物流行业进入了一个新的发展阶段，物流企业的运营方式、业务流程、技术手段、服务质量等不断向标准化、专业化、规模化、社会化、信息化的方向发展。为了适应物流行业的发展，培养更加符合企业需求的专业技能人才，我们组织一批教学经验丰富、实践能力强的教师与行业、企业的专家，在认真分析物流企业岗位需求和完善课程教学方案的基础上，编写了一套新的物流管理专业教材。与2006版教材相比，新版教材体系更加完善并采用了理实一体化的编写思路。目前，两套教材可较好地满足高等职业技术院校不同的教学需求，各校可根据自身的教学条件、课程设置等进行选择。

本套教材共计15种，分别为《物流基础》《物流法律法规》《物流经济地理》《物流信息技术应用》《物流设施与设备》《物流仓储业务与管理》《物流配送业务与管理》《物流仓储与配送实务》《物流运输业务与管理》《物流采购业务与管理》《物流客户服务与管理》《物流成本管理》《物流市场营销》《国际货运代理》和《报检与报关》，其中《物流仓储与配送实务》教材是为了满足部分院校将仓储、配送两门课程合并教学的需要而开发的。

在教材组织编写工作中，我们坚持了以下原则：

第一，突出职业特色，从职业岗位分析入手，合理构建教材的知识和技能结构，注重对学生实践能力的培养，提高教材的针对性和适用性。

第二，突出行业特色，根据物流行业的发展现状，尽可能多地在教材中体现新知识、新技术和新方法，提高教材的先进性，使教材具有鲜明的时代特征。

第三，突出职业资格证书与学历证书并重的精神，力求使教材内容涵盖助理物流师国家职业标准的相关要求。

第四，突出可接受性，在教材编写方面，力求文字表达通俗易懂，并尽量采用以图代文、以表代文的表现形式，激发学生的学习兴趣。

在本套教材的编写过程中，有关省市教育部门、人力资源和社会保障部门及一批高等职业技术院校给予我们有力的支持，教材的主编、参编、主审等有关人员做了大量的工作，在此，我们表示衷心的感谢！同时，恳切希望用书单位和广大读者对教材提出宝贵的意见和建议，以便下次修订时加以完善。

人力资源和社会保障部教材办公室

简　介

本书为国家级职业教育规划教材，由人力资源和社会保障部教材办公室组织编写。主要内容包括公路运输、铁路运输、水路运输、航空运输实务、集装箱运输、多式联运、运输合同与纠纷处理等。

本书由王欣任主编，张旭善、金爽、何天龙、杨明参加编写，杜学森审稿。

国家级职业教育规划教材

人力资源和社会保障部职业能力建设司推荐

高等职业技术院校物流管理专业教材

物流运输业务与管理

人力资源和社会保障部教材办公室 组织编写

主编 王欣

中国劳动社会保障出版社

图书在版编目(CIP)数据

物流运输业务与管理/王欣主编. —北京：中国劳动社会保障出版社，2015
高等职业技术院校物流管理专业教材
ISBN 978-7-5167-1970-1

Ⅰ.①物…　Ⅱ.①王…　Ⅲ.①物流-货物运输-高等职业教育-教材　Ⅳ.①F252

中国版本图书馆 CIP 数据核字(2015)第 164868 号

中国劳动社会保障出版社出版发行
（北京市惠新东街 1 号　邮政编码：100029）

*

三河市华骏印务包装有限公司印刷装订　新华书店经销
787 毫米×1092 毫米　16 开本　8.25 印张　187 千字
2015 年 7 月第 1 版　2023 年 5 月第 2 次印刷
定价：16.00 元

营销中心电话：400－606－6496
出版社网址：http: // www.class.com.cn
http: // jg.class.com.cn

目 录

第一章

概　述

任何跨越空间的物质实体流动都可称为运输，运输是物流最基本的功能，也是物流的核心。

一、运输的概念

运输是指使用设施和工具，将物品从一地点向另一地点运送的物流活动，其中包括集货、分配、搬运、中转、装入、卸下、分散等一系列操作。

物流是物品从供应地到接收地的实体流动过程，根据实际需要，将运输、储存、装卸、搬运、包装、流通加工、配送、信息处理等基本功能实施有机结合。

二、运输的方式

运输的方式主要有公路运输、铁路运输、水路运输、航空运输、管道运输等，见表1—1—1。

表1—1—1　　运输的方式

类型	图示	说明
公路运输		公路运输主要是使用汽车或其他车辆在公路上进行客货运输的一种运输方式，在短途货物集散运转上，它比铁路、航空运输具有更大的优越性
铁路运输		铁路运输是使用铁路列车运送客、货的一种运输方式，主要承担长距离、大数量的货运，在没有水运条件的地区，几乎所有大批量货物都是依靠铁路运输，它是在干线运输中起主力作用的运输形式
水路运输		水陆运输是以船舶为主要运输工具、以港口或港站为运输基地、以水域（海洋、河、湖等）为运输活动范围的一种客货运输

续表

类型	图示	说明
航空运输		航空运输是使用飞机、直升机及其他航空器运送人员、货物、邮件的一种运输方式
管道运输		管道运输是用管道作为运输工具的一种长距离输送液体和气体物资的运输方式，专门由生产地向市场输送石油、煤和化学产品，是统一运输网中干线运输的特殊组成部分

三、运输在物流中的地位

物流系统由物资包装、运输、配送、装卸、储存保管、流通加工以及物流信息等子系统组成。没有运输，就没有物资流通过程，物资的价值和使用价值就无法实现，社会再生产也不能正常进行。生产企业采购原材料、设备的物流和产品销售的物流，以及物流企业从生产企业采购产品进行仓储或是将仓储的物资转移到消费者手中，都离不开运输。运输在物流系统中具有重要的地位。

1. 运输是物流网络的构成基础

物流系统是一个网络结构系统，由物流据点（物流中心、配送中心或车站、码头）与运输配送线路构成。物品位置在空间发生的位移，称线路活动；其他物流活动是在据点上进行的，称为节点活动。无论直供物流网络还是中转物流网络，如果没有线路活动，网络节点将成为孤立的点，网络也就不存在，零售店或用户需要的物品也就无法得到。由此可见，运输配送在物流网络的构成中是一个重要的基础条件。

2. 运输是物流系统功能的核心

物流系统具有创造物品的时间效用、形质效用、空间效用三大效用。时间效用主要由仓储活动来实现，形质效用由流通加工业务来实现，空间效用是通过运输来实现。运输是物流系统不可缺少的功能。物流系统的三大功能是主体功能，其他功能（装卸、搬运和信息处理）是从属功能。而主体功能中的运输功能的主导地位更加凸显出来，成为所有功能的核心。

3. 运输合理化是物流系统合理化的关键

物流合理化是指在各物流子系统合理化基础上形成的最优物流系统总体功能，即系统以尽可能低的成本创造更多的时间效用、形质效用、空间效用。或者从物流承担的主体来说，以最低的成本为客户提供更多优质的物流服务。运输是各功能的基础与核心，直接影响着物流子系统，只有运输合理化，才能使物流结构更加合理，总体功能更优。因此，运输合理化是物流系统合理化的关键。

四、运输的作用

物流运输的目的是实现货物在空间的移动，运输是社会再生产过程中的重要环节。随着社会经济的不断发展，生产力布局的改变，各地区、各部门、各生产领域、各企业之间的经济联系更加广泛和紧密，这就需要将原材料、燃料、成品、半成品及时地送往加工企业和消费地，以保证社会生产有计划地进行。

1. 运输可以克服产品生产与需求之间存在的空间和时间上的差异

运输首先实现了使产品在空间上移动的职能，即产品的位移。无论产品处于哪种形式，是材料、零部件、配件、在制品或产品，或是流通中的商品，运输都是必不可少的。运输的主要功能就是将产品从原产地转移到指定地点，运输的主要目的就是要以最短的时间和最少的费用完成物品的运输任务。同时，产品转移所采用的方式必须能满足顾客的要求，产品遗失和损坏必须减少到最低的水平。通过位置移动，运输使产品增值，也就是产生地点的效用。产品最终流入顾客手中，运输成本构成了其价格的一部分。运输的成本要占到物流成本的35％～50％左右，对许多商品来说，运输成本要占到商品价格的4％～10％，也就是说，运输成本占总成本的比重比其他物流活动都大。运输成本的降低可以达到以较低的成本提供优质服务的效果。

2. 运输可以对产品进行临时储存

如果转移中的产品需要储存，而短时间内产品又将重新转移的话，卸货和装货的成本也许超过储存在运输工具中的费用，这时，将运输工具暂时作为储存工具是可行的。当交付的货物处在转移之中，而原始的装运目的被改变时，产品也需要临时储存。另外，在仓库空间有限的情况下，利用运输工具储存也不失为一种可行的选择。尽管用运输工具储存产品的费用可能是昂贵的，但如果需要考虑装卸成本、储存能力的限制等因素，那么从成本或完成任务的角度来看，用运输工具储存往往是合理的，有时甚至是必要的。

五、运输与其他物流活动的关系

1. 运输与包装的关系

运输与包装可以说是相互影响的，货物的包装程度、包装的规格及尺寸都会影响运输方式及同一种运输方式对运输工具的选择；同样，货物的包装程度、包装的规格及尺寸应该充分地与所选择的运输工具相吻合。

2. 运输与装卸搬运的关系

要想完成整个物流过程，运输活动必然伴随着装卸搬运活动，一般情况下，完成一次运输活动，必然伴随两次装卸搬运活动。装卸搬运活动的质量直接影响运输活动，车辆装载是否合理将直接影响运输过程的顺利程度；同样，装卸搬运是实现各种运输方式的有效衔接环节，特别是在多式联运的情况下，装卸搬运起着重要的作用，装卸搬运的效率直接影响着整个运输过程中的效率。

3. 运输与仓储的关系

运输对仓储活动有重要的影响，仓储是货物的暂时停止状态，最终的目的是将货物分拨到合适的地点，运输便起着这样的作用，高效的运输分拨系统可以降低库存量，提高库存周转率等；同样，仓储活动是运输过程的调节手段，如巨型集装箱货轮停靠在港口时，货物不可能及时被分拨到需求地点，因此需要仓储活动对运输进行调解，以使巨型集装箱货轮能够及时地离开港口。

4. 运输与配送的关系

一般情况下，运输和配送这两个词经常被放在一起使用，其原因是要完成整个物流活动，就需要通过运输及配送后才能将货物送到最终的消费者手里。要理解这一点，必须了解运输与配送的关系，简单地说，运输是两点之间货物的输送；而配送是指一点对多点的货物运输过程。

六、运输方式的选择

1. 影响运输方式选择的因素（见表1—1—2）

表1—1—2　　影响运输方式选择的因素

影响因素	是否为变量	决定因素
物品的种类	不可变量	由货物自身的性质决定
运输量	不可变量	由货物自身的性质和运输需要决定
运输距离	不可变量	由货物存放地点决定
运输时间	可变量	运输管理
运输成本	可变量	运输管理

运输服务的需求者一般是企业，目前企业对缩短运输时间、降低运输成本的要求越来越强烈，因为只有不断降低各方面的成本，加快物品周转，才能提高企业经营效率，实现竞争优势。

2. 运输方式选择的数量化方法

运输方式的选择一般要考虑运输速度和运输费用这两个基本因素。从物流运输功能来看，速度快是物流运输服务的基本要求。但是，速度快的运输方式，费用往往也高。同时，在考虑运输的经济性时，不能只从运输费用本身来判断，还要考虑因速度加快，缩短了物品的备运时间，使物品的必要库存减少，从而减少了物品的保管费的因素等。因此，运输方式或运输工具的选择应该是在综合考虑上述各种因素后，寻求运输费用与保管费用最低的运输方式或运输工具。

（1）综合评价选择法。为了对运输方式或运输工具进行选择，从物流运输的功能来看，宜采用综合评价的方法。物流的运输系统的目标是实现物品迅速安全和低成本的运输。但是，运输的速度性、准确性、安全性和经济性之间，是相互制约的。若重视运输速度、准确、安全，则运输成本就会增大；反之，若运输成本降低，运输其他目标就不可能全面实现。因此，在选择运输方式或运输工具时，应综合考虑运输的各种目标要求，定性分析与定量分析相结合，选择出合理的运输方式或运输工具。如果以运输方式的经济性（F_1）、迅速性（F_2）、安全性（F_3）和便利性（F_4）四个标志来选择，并对这些评价因素赋予不同的权数加以区别，其中评价最大者为选择对象。对于评价因素F_1、F_2、F_3、F_4的确定，并使数量化，其结果见表1—1—3。

各评价因素赋予权数的大小的确定，没有绝对的办法。一般来讲，是结合货物本身的特性，并尽可能吸收实际工作者或有关专家的意见，进行确定。

表 1—1—3 各评价因素的数量化

评价因素	符号	说明	特点
经济性	F_1	用运费、包装费、保险金以及运输手续费用的合计数来表示	费用越高运输方式的经济性就越低
迅速性	F_2	以发货地到收货地所需时间（天数）来表示	所需时间越多则迅速性越低
安全性	F_3	以历史上一段时间货物的破损率来表示	破损率越高，安全性越差
便利性	F_4	可采用代办运输点的经办时间与货物运到代办点的运输时间之差来表示	时间差越大，则便利性越高

（2）成本费用分析选择法

运输费用是承运单位向客户提供运输劳务所耗费的费用，即运价。运价由运输成本、税金和利润构成。运输费用占物流费用比重最大，是影响物流费用的重要因素。为了以最快的运输速度、最少的运输费用实现物资流转，必须要对所选择的运输方式进行技术经济比较分析，即进行成本—费用分析，这就要求掌握各种运输方式成本的内容及运价计算方法。

1）运价的分类。运价按适用的范围划分，可分为普通运价、特定运价、地方运价、国际联运运价；按货物发送批量、使用的容器划分，可分为整车（批）运价、零担运价、集装箱运价；按计算方式不同划分，可分为分段里程运价、单一里程运价、航线里程运价。

2）货物运价定价规则。不同货运方式有不同的定价规则，如《铁路货物运价规则》《水路货物运价规则》《汽车货物运输规则》《中国民航国内货物运输规则》等，各个规则对运费的计算都作了具体规定，主要内容有货物运价分号表、货物运价率表、货物装卸费率以及对有关问题的说明。

货物运价分号表就是将拟采用同一运价率的各种货物、品名划归为一个运价号，划分的数量不能太多，也不宜太少；货物运价率表是在运价基数、运价率的基础上，按照运输距离递增递减率求出各区段的递差率，然后计算了各运价号、各里程区段的每吨货物运价率而编制成的；我国的运价率表因运输方式的不同而有所不同，铁路分整车和零担运价率表，水路分沿海、北方、闽浙、华南沿海四种运价率表，长江分干线、下游、上游三种运价率表，公路没有区段，也没有运价等级，只分整车和零担；货物运价里程表是计算货物运费的重要依据，是说明运送距离的一组文件，即货物从发站至到站间的距离。

3）运输方式的确定。通过对运输成本与费用的分析，对同一批货物应计算其铁路、公路、水运的成本费用，然后根据运输时间、运输的条件、货物的特征，选择合理的运输方式。如果是自营运输，还应加强对各种自有运输工具和运输设施的合理运用。提高自有运输工具、运输设施的使用率，尽可能加快物流速度，扩大运输量，从而使单位商品分摊的固定资产折旧减少。

思考与练习

1. 运输在物流系统中的地位如何？结合现实生活中的例子给予说明。

2. 现代运输方式的选择受哪些条件制约？主要有哪几种运输方式？
3. 影响运输方式选择的因素有哪些？
4. 在现实生活中由哪些人来提供运输服务？
5. 运输活动包括哪些主要业务环节？
6. 影响选择运输方式的因素有哪些？

第二章

公路运输

第一节 公路运输基础知识

公路运输货种繁多、批量不同，不同货物对装运车辆也有不同的要求，基于此，借助于公路运输的发展，才能把各种运输方式连接成网，形成一个分工合作、协调发展的综合运输体系，充分发挥运输业在经济和社会发展中的重要作用，并提高综合运输能力和运输效益。

一、公路运输的概念

如图 2—1—1 所示，公路运输是在公路上运送旅客和货物的运输方式，是交通运输系统的组成部分之一，主要承担短途客货运输，运输工具主要是汽车。因此，公路运输一般即指汽车运输。在地势崎岖、人烟稀少、铁路和水运不发达的边远和经济落后地区，公路运输为主要运输方式，起着运输干线作用。

图 2—1—1 公路运输

二、公路运输的特点

公路运输之所以发展如此迅速，是由于与其他运输方式相比，它具有以下优点：

1. 优点

（1）快速。即公路运输的运送速度比较快，运输途中不需中转。据国外资料统计，一般在中短途运输中，公路运输的运送速度平均比铁路运输快 4～6 倍，比水路运输快 10 倍。

(2) 灵活、方便。公路运输具有机动灵活、运输方便的特点。公路运输既可以成为其他运输方式的接运方式，又可以自成体系。它机动灵活，具有很强的适应性，既可以单车运输，又可以拖挂运输。

(3) 原始投资少，资金周转快。公路运输与铁路、水运、航空运输方式相比，所需固定设施简单，车辆购置费用一般也比较低，因此，投资兴办容易，投资回收期短。据有关资料表明，在正常经营情况下，公路运输的投资每年可周转 1～3 次，而铁路运输则需要 3～4 年才能周转一次。

(4) 可实现“门到门”直达运输。由于汽车相对于飞机、轮船、火车体积较小，中途一般也不需要换装，除了可沿分布较广的公路网运行外，还可离开路网深入到工厂企业、农村田间、城市居民住宅等地方，即可以把旅客和货物从始发地门口直接运送到目的地门口，实现“门到门”直达运输。这是其他运输方式无法与公路运输比拟的特点之一。

(5) 能灵活制定运营时间表，运输中的伸缩性极大。运输途中货物的撞击少，几乎没有中转装卸作业，因而货物包装比较简单。

(6) 在中、短途运输中，运送速度较快。在中、短途运输中，由于公路运输可以实现“门到门”直达运输，中途不需要倒运、转乘，就可以直接将客货运达目的地，因此，与其他运输方式相比，其客、货在途时间较短，运送速度较快。

(7) 掌握车辆驾驶技术较容易。与火车司机或飞机驾驶员的培训要求相比，汽车驾驶技术比较容易掌握，对驾驶员的各方面素质要求相对也比较低。

2. 缺点

(1) 运量较小，运输成本较高。目前，世界上最大的汽车是美国通用汽车公司生产的矿用自卸车，长 20 多米，自重 610 t，载重 350 t 左右，但仍比火车、轮船载货少得多。由于汽车载重量小，行驶阻力比铁路大 9～14 倍，所消耗的燃料又是价格较高的液体汽油或柴油，因此，除了航空运输，就是汽车运输成本最高了。

(2) 运行持续性较差。据有关统计资料表明，在各种现代运输方式中，公路的平均运距是最短的，运行持续性较差。

(3) 安全性较低，污染环境较重。汽车所排出的尾气和引起的噪声严重地威胁着人类的健康，是大城市环境污染的最大污染源之一。

三、公路运输的分类

1. 按货运营运方式分类

按照货运营运方式的不同，可分为整车运输、零担运输、联合运输、包车运输、集装箱运输。

(1) 整车运输是指一批托运的货物在 3 t 及其以上或虽不足 3 t，但其性质、体积、形状需要一辆 3 t 及其以上汽车运输的货物运输，如需要大型汽车或挂车（核定载货吨位 4 t 及以上的）以及容罐车、冷藏车、保温车等车辆运输的货物运输。

(2) 零担运输是指托运人托运的一批货物不足整车的货物运输。

(3) 联合运输是指一批托运的货物需要两种或两种以上运输工具的货物运输。目前我国联合运输有公铁（路）联运、公水（路）联运、公公联运、公铁水联运等。联合运输实行一次托运、一次收费、一票到底、全程负责。

（4）包车运输是指根据托运人的要求，经双方协议，把车辆包给托运人安排使用，按时间或里程计算运费的货物运输。

（5）集装箱运输是指将适箱货物集中装入标准化集装箱，采用现代化手段进行的货物运输。在我国，集装箱运输又分为国内集装箱运输及国际集装箱运输。

2. 按照托运的货物是否办理保险分类

按照托运的货物是否办理保险分类，公路运输可分为保险运输、不保险运输。运输的货物保险与否均采取托运人自愿的办法，凡办理保险的，需按规定缴纳保险金或保价费。保险运输须由托运人向保险公司投保或委托承运人代办。

3. 按运送速度分类

按运送速度，公路运输分为一般货物运输、快件货物运输和特快专运。一般货物运输即普通速度运输，或称慢运。快件货物运输，它要求货物位移的各个环节要体现一个“快”字，运输部门要在最短的时间内将货物安全、及时、完好无损地送到目的地。快件零担货运是指从货物受理的当天下午 3 时起算，300 km 运距内，24 h 以内运达；1 000 km 运距内，48 h 以内运达；2 000 km 运距内，72 h 以内运达。

4. 按货物的性质及对运输条件的要求分类

按货物的性质及对运输条件的要求，公路运输分为普通货物运输和特种货物运输。

（1）普通货物运输。被运输的货物本身的性质普通，在装卸、运送、保管过程中没有特殊要求。普通货物分为一等、二等、三等。

（2）特种货物运输。被运输的货物本身的性质特殊，在装卸、运送、保管过程中需要特定条件、特殊设备，来保证其完整无损。

5. 按运输的组织特征分类

按运输的组织特征，公路运输分为联合运输和集装化运输。

（1）联合运输。就是两个或两个以上的运输企业，根据同一运输计划，遵守共同的联运规章或签订的协议，使用共同的运输票据或通过代办业务，组织两种或两种以上的运输工具，相互接力，联合实现货物的全程运输。

（2）集装化运输。它是以集装单元作为运输单位，保证货物在整个运输过程中不致损失，而且便于使用机械装卸、搬运的一种货运形式。集装化运输最主要的形式是托盘运输和集装箱运输。

四、公路运输车辆与设施

1. 运输车辆

公路运输的常用车辆是汽车，汽车是公路运输的主要交通工具。

汽车按用途和结构划分，一般分为轿车、客车、货车、牵引车和汽车列车、特种车、工矿自卸车、农用车及越野车等类型。在这里，我们主要介绍物流中常用的载货车、特种车、汽车列车、牵引车四种车型。

（1）载货车。主要指用于运输货物，也可牵引挂车的汽车。货车按最大总重量可分为微型、轻型、中型和重型，如图 2—1—2 所示。

1）微型载货车。微型载货车是指至少四个车轮且用于载货的机动车辆。微型载货车总

图 2—1—2　载货车

重量小于 1.8 t。

2）轻型载货车。轻型载货车是指载货车总重量在 1.8～6 t 之间的用于载货的机动车辆。

3）中型载货车。中型载货车是指载货车总重量在 6～14 t 之间的用于载货的机动车辆。

4）重型载货车。重型载货车是指载货车总重量超过 14 t 的用于载货的机动车辆。

（2）特种车。特种车可分为特种轿车（如检阅车、指挥车）、特种客车（如救护车、监察车）、特种货车（如罐车、自卸车、冷藏车）和特种用途车（如建筑工程车、农用汽车等）。以下主要介绍物流中常用的罐车、自卸车、冷藏车三种车型，见表 2—1—1。

表 2—1—1　特种车

类型	图示	说明
罐车		罐式汽车是指装有罐状的容器，并且通常带有工作泵，用于运输液体、气体或粉状物质，以及完成特定作业任务的专用汽车，罐车封闭性比较强，适用于运送易挥发、易燃的危险品
自卸车		自卸车是指通过液压或机械举升而自行卸载货物的车辆，又称翻斗车，由汽车底盘、液压举升机构、货厢和取力装置等部件组成
冷藏车		冷藏汽车是指装有冷冻或保温设备的厢式货车，通过制冷装置为货物提供最适宜的温度和湿度条件，用来满足对温度、湿度有特殊要求的货物运输需要

(3) 汽车列车。汽车列车是指一辆汽车（包括牵引车、普通汽车等）与一辆或一辆以上挂车的组合，如图 2—1—3 所示。

图 2—1—3　汽车列车

(4) 牵引车。牵引车是指专门或主要用于牵引挂车的汽车。牵引车可分为全挂牵引车和半挂牵引车。

全挂牵引车采用牵引杆来牵引挂车，牵引车只提供向前的拉力，拖着挂车走，但不承受挂车向下的重量，一般都装有辅助货台，可作普通货车使用，如图 2—1—4 所示。半挂牵引车专门用于牵引半挂车，牵引车后面的桥承受挂车的一部分重量，通常装有牵引座，如图 2—1—5 所示。

图 2—1—4　全挂牵引车

图 2—1—5　半挂牵引车

2. 公路

（1）按行政等级划分。公路按行政等级不同可分为国家公路、省公路、县公路和乡公路（简称为国道、省道、县道、乡道），以及专用公路五种类型，一般把国道和省道称为干线，县道和乡道称为支线，见表 2—1—2。

表 2—1—2　　公路按行政等级划分

类型	说明
国道	国道是指具有全国性政治、经济意义的主要干线公路，包括重要的国际公路、国防公路、连接首都与各省、自治区、直辖市首府的公路，连接各大经济中心、港站枢纽、商品生产基地和战略要地的公路
省道	省道是指具有全省（自治区、直辖市）政治、经济意义，并由省（自治区、直辖市）公路主管部门负责修建、养护和管理的公路干线
县道	县道是指具有全县（县级市）政治、经济意义，连接县城和县内主要乡（镇）、主要商品生产和集散地的公路，以及不属于国道、省道的县际间公路。县道由县、市公路主管部门负责修建、养护和管理
乡道	乡道是指主要为乡（镇）村经济、文化、行政服务的公路，以及不属于县道以上公路的乡与乡之间及乡与外部联络的公路。乡道由乡人民政府负责修建、养护和管理
专用公路	专用公路是指专供或主要供厂矿、林区、农场、油田、旅游区、军事要地等与外部联系的公路。专用公路由专用单位负责修建、养护和管理，也可委托当地公路部门修建、养护和管理

（2）按交通量、使用任务划分。公路按交通量、使用任务划分，可分为高速公路、一级公路、二级公路、三级公路、四级公路五个等级，见表 2—1—3。

表 2—1—3　　公路按交通量、使用任务划分

公路等级	使用性质和任务	车道数	年平均昼夜交通量
高速公路	具有特别重要的政治、经济意义，专供汽车分道行驶，全部控制出入	4 车道以上	25 000 辆以上
一级公路	连接重要政治、经济中心，通往重点工矿区，可供汽车分道行驶，部分控制出入	4 车道	1 000 辆至 25 000 辆
二级公路	连接政治、经济中心或大工矿区的干线公路，或运输任务繁忙的城郊公路	2 车道	4 500 辆
三级公路	沟通县以上城市的一般干线公路	2 车道	200 辆至 2 000 辆
四级公路	沟通县、乡、村等的支线公路	2 车道以下	200 辆以下

五、公路运输的作业流程

公路货物运输的业务流程主要包括货物托运、派车装货、运送与交货、运输统计与结算等内容，基本流程如图 2—1—6 所示。

1. 接单

公路运输主管从客户处接收（传真）运输发送计划。公路运输调度从客户处接收出库提货单证。核对单证。

2. 登记

运输调度在登记表上分送货目的地，分收货客户标定提货号码。汽车驾驶员（指定人员

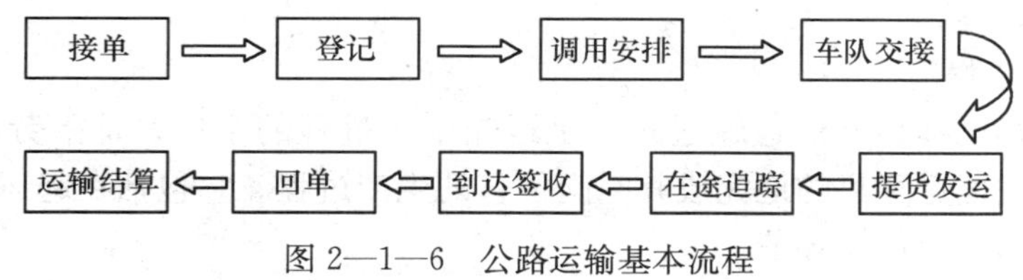

图 2—1—6　公路运输基本流程

及车辆）到运输调度中心拿提货单，并在运输登记本上确认签收。

3. 调用安排

填写运输计划，填写运输在途、送到情况，追踪反馈表，计算机制单。

4. 车队交接

根据送货方向和货物的重量、体积统筹安排车辆，报运输计划给客户处，并确认到厂提货时间。

5. 提货发运

按时到达客户提货仓库，检查车辆情况，办理提货手续，提货，盖好车棚，锁好厢门，办好出厂手续，电话通知收货客户预达时间。

6. 在途追踪

建立收货客户档案，汽车驾驶员及时反馈途中信息，与收货客户电话联系送货情况，填写跟踪记录，有异常情况及时与客户联系。

7. 到达签收

电话或传真确认到达时间，汽车驾驶员将回单用 EMS 或 FAX 传真传回公司，签收运输单，定期将回单送至客户处，将当地市场的住处及时反馈给客户。

8. 回单

按时准确到达指定卸货地点，货物交接，百分之百签收，保证运输产品的数量和质量与客户出库单一致，了解送货人对客户产品在当地市场的销售情况。

9. 运输结算

整理好收费票据，做好收费汇总表交至客户，确认后交回结算中心，结算中心开具发票，向客户收取运费。

第二节　公路整车运输

托运人一次托运的货物在 3 t（含 3 t）以上，或虽不足 3 t，但其性质、体积、形状需要一辆 3 t 以上车辆进行公路运输的，称为整车货物运输。为明确运输责任，整车货物运输通常是一车一张货票、一个发货人。

一、整车货物运输的生产过程

1. 运输准备过程

运输准备过程又称运输生产技术准备过程，是运输货物之前所做的各项技术准备工作，包括运输经济调查、货源的组织与落实、运力配备、运输线路选择、装卸设备配置和运输过程的装卸工艺设计等。

2. 基本运输过程

基本运输过程也称狭义的运输过程，是运输生产过程的主体，是指劳动者直接运用车辆，将货物从始发地运至目的地完成其空间位移的生产过程。它包括在起运站装货、车辆负载运行和终点站卸货等作业环节。

3. 辅助运输过程

辅助运输过程是指为保证基本运输过程正常进行所必需的各种辅助性生产活动。辅助生产过程本身不直接构成货物位移的运输活动，它主要包括车辆技术保养、维修和站务工作、营业收入结算工作等。

4. 运输服务过程

运输服务过程是指服务于基本运输过程和辅助运输过程中的各种服务工作和活动。例如，行车用燃润料、配件的供应、配件、随车工具、保修用的原料和工具设备等代办货物储存、包装、保险业务，均属于运输服务过程。

二、整车货物运输业务操作

1. 托运人填写托运单

货物托运单是托运人与承运人双方订立的运输合同，它明确规定了双方在货物承运期间的权利、责任。

整车货物的托运单一般由托运人填写，也可委托他人代填并在运单上加盖与托运人名称一致的印章。

2. 托运单的审批和检验

（1）审批货物详细情况。货物名称、体积、重量、运输要求。对于不符合国家规定的货物，以及承运人不能承担的货物不应受理。

（2）检验有关运输凭证。货物托运人应根据有关规定，向承运人提交准许出口、外运等证明文件，以及随货同行的有关票据单据。

（3）审批有无特殊运输要求。例如，运输期限、押运人员等。

3. 确定货物运输里程和运杂费

对货物运输的计费里程和货物的运杂费由货物受理人员在审核货物托运单的内容后认定。

4. 托运单编号及分送

托运单认定后，应将其编定的托运号码告知调度与运务部门，并将结算通知交货主。

5. 整车货物的理货

货物的理货工作分为受理前货物的核实和起运前的货物核实。

6. 交费并领取货票

托运人向承运人交纳运费和杂费，领取承运凭证（货票）。

7. 整车货物监装与监卸

承运人委派的车辆到达装货地点，监装人员应根据托运单和货票填写的内容、数量与托运人确定交货手续。

承运人委派的车辆到达卸货地点后，应会同收货人员、驾驶员、卸车人员检查车辆有无异常，无异常后卸货。

三、整车货物运输的站务工作

整车货物运输站务工作可分为发送、途中和到达三个阶段的站务工作，内容包括：货物的托运与承运，货物装卸、起票、发车，货物运送与到达交付、运杂费结算，商务事故处理等。

1. 整车货物运输的发送站务工作

受理货物托运必须做好货物包装，确定重量和办理单据等作业，组织装车，核算制票，发货人办理货物托运时，应按规定向车站缴纳运杂费，并领取承运凭证（货票）。始发站在货物托运单和货票上加盖承运日期之时起即算承运，承运标志着企业对发货人托运的货物开始承担运送义务和责任。

2. 整车货物运输的途中站务工作

货物在途中发生的各项货运作业，统称为途中站务工作。途中站务工作主要包括途中货物交接，货物整理或换装等内容。

3. 整车货物运输的到达站站务工作

货物在到达站发生的各项货运作业统称为到达站站务工作。到达站站务工作主要包括货运票据的交接，货物卸车、保管和交付等内容。

第三节 公路零担运输

一批货物的重量或容积不满一辆货车时，可与其他几批甚至上百批货物共用一辆货车装运时，叫零担货物运输。

零担托运规定：为便于配装和保管，每批零担货物不得超过300件，每一件零担货物的体积最小不得小于0.02 m^3（一件重量在10 kg以上的除外）。

一、零担货物运输的特点

零担货物运输只是货物运输方式中相对独立的一个组成部分，由于其货物类型和运输组织形式的独特性，衍生出其独有的特点。一般而言，公路承运的零担货物具有数量小、批次多、包装不一、到站分散的特点，并且品种繁多，许多商品价格较高。另一方面，经营零担货运又需要库房、货棚、货场等基本设施以及与之配套的装卸、搬运、堆码机具和苫垫设备。由于这些基本条件的限定，使零担货物运输形成了自己独有的特点，主要表现在以下几个方面。

1. 计划性差

由于无法采用定期全同运输的方式，无法像整车运输一样进行计划。

2. 单位运输成本较高

为了适应零担货物运输的需求，货运站要配备一定的仓库、货棚、站台以及相应的装卸、搬运、堆置的机具和专用厢式车辆。此外，相对于整车货物运输而言，零担货物周转环节多，更易于出现货损、货差，赔偿费用相对较高，因此，导致了零担货物运输成本较高。

3. 客户多，货源分散

零担运输的固定客户有若干，非固定客户每天都有增减，因此客户较多，货源也相对较分散。

4. 季节性强、运量波动大

零担货物主要是农业生产资料和农副土特产品，以及日常生活文化用品，随着季节的变化，运量波动很大。

5. 组织工作复杂

运输环节增加，对作业的工艺要求更加细致。

6. 装载量小

零担货物批多量小，由于集结时间的限制，每车的装载量比整车低，笨零平均静载重为58 t/车，普零为24 t/车，危零为8 t/车。其中笨零平均静载重接近整车，而普零和危零却低得多。

7. 容易造成货运事故

零担货物由于批量大、件数多、作业复杂，以及由于包装质量较差等方面的原因，特别是经过几次中转作业以后，很容易造成货运事故，其赔偿占全路货运赔款的80%以上。

二、零担货物运输作业流程

1. 托运受理

零担货物始发站负责承运的业务人员根据货物的性质及受运限制等业务规则（零担货运承运注意事项或零担货物承运管理规则）和本企业营运范围内的线路、站点、到达站点的装卸能力、有关规定来承接托运零担货物，办理托运手续。受理托运时，业务员必须严格遵守本企业承运货物的有关规程，根据托运要求向托运人询问清楚后认真填写托运货票，并交由托运人审核无误后方可承运。

2. 过磅起票

受理人员及时验货过磅，认真点件交接，做好记录。

3. 仓储保管

在货物入库的过程中，仓库负责人员应根据货物的性质，从安全和加速货物进出库、提高经济效益出发，对货物进行分类码放。

4. 配载装车

（1）根据车辆容积和货物情况，均衡地将货物重量分布于车底板上。

（2）紧密地堆放货车，以期充分利用车辆的载重量和容积，防止在车辆运行中因发生振动而造成的货物倒塌和破损。

（3）按到达站点先后和货物运输实际要求点件装车。

（4）装卸人员要严格按照装卸作业要求装车。

（5）充分利用车辆载货量和容积。

5. 货物中转

中转作业主要是将来自各个方向的仍需继续运输的零担货物卸车后重新集结待运，继续运至终点站。

6. 到站卸货

到站后，到达站仓库负责人员应首先查验货物车载外围状况，如果无异常方可卸货，如果有异常情况，应及时向承运司机问明情况，并依据规定进行相应处理。

7. 交付和中转

货物入库后，仓库负责人员应及时通知收货人提货，对指定送货上门的货物，及时联系客户，按规定给客户送货上门，并办理好相关手续。

零担货物中转作业是按货物流向或到站进行分类整理，先集中后分散的过程，中转站的选择必须建立在充分的运输经济调查，与同货源和货流的特点相结合的基础上进行，中转站的硬件设施应该和对仓库的要求相同。

对中转货物应按规定及时通知相关业务人员进行中转，并回收保管好中转单据，做好登记，以便备查。

第四节 公路特种货物运输

公路特种货物运输物一般包括危险货物运输、超限货物运输、鲜活货物运输等。

一、危险货物运输

1. 危险货物的概念

危险货物是指具有自燃、易燃、爆炸、腐蚀、毒害、放射性等性质的货物，在运输作业中极易发生危险，所以在运输品种、包装、装卸、运送等各环节中必须严格执行有关规定。

确认某一货物是否为危险货物，是危险货物运输管理的前提，也是保证货物运输安全的前提。危险货物一般分为以下几类：爆炸品、压缩气体和液化气体、易燃液体、易燃固体、自燃物品和遇水易燃物品、氧化剂和有机过氧化物、毒害品和感染性物品、放射性物品、腐蚀品、杂类。在实践中，仅凭危险货物的定义和危险货物的分类标准来确认某一货物是否为危险货物是有困难的，承托双方也不可能对众多的危险品到需要运输时再做技术鉴定，而且有时还会引起承托双方的矛盾。

我国发布了国家标准《危险货物品名表》（GB 12268—2012），列举了危险货物的具体品名表。据此各运输方式结合自身的特殊性，颁布有适合本运输方式的《危险货物运输规则》（以下简称《危规》）。各《危规》在对各危险货物下定义的同时，都收集列举了本规则范围内各种具体品名，并加以分类。托运时，必须是本运输方式危险货物品名表所列名的，方予以确认和运输。若运输《危规》中未列名的而性能确实危险的某些货物，必须根据各种危险货物的分类分项标准，由托运人提出技术鉴定书，并经有关主管部门审核或认可后，才能作为危险货物运输。

2. 危险货物的托运要求

托运人在办理托运时必须做到以下几点：

（1）向已取得道路危险货物运输经营资格的运输业户办理托运。

（2）在托运单上填写清楚危险货物品名、规格、件重、件数、包装方法、起运日期、收发货人详细地址及运输过程中的注意事项。对有特殊要求或凭证运输的危险货物，必须附有相关单证，并在托运单备注栏内注明。

(3) 托运下列危险货物，应持有关证件：爆炸物品和须凭证运输的化学危险物品，应持有公安部门签发的爆炸品准运证或化学危险品准运证；放射性物品，应持有指定的卫生防疫部门核发的包装表面污染及辐射水平检查证明书。

(4) 货物性质或灭火方法相抵触的危险货物，必须分别填写托运单，以防止混装而引发重大事故。

(5) 托运未列入汽车运输危险货物品名表的危险货物新品种，需提交生产或经营单位主管部门审核的危险货物鉴定表，经省公路运输管理局批准后办理运输。

凡未按以上规定办理危险货物托运，由此发生运输事故的，由托运人承担全部责任。

承运人受理危险货物运输作业，必须了解危险货物的详细信息，主要包括以下几点：

(1) 必须对货物名称、性能、形态、包装、单件重量、安全措施等情况进行详细了解并注明。

(2) 及时弄清包装、规格和标志是否符合国家规定要求，必要时到现场进行了解。

(3) 对新产品应检查随附的技术鉴定书是否齐全。

(4) 按规定检查需要的“准运证件”是否齐全。

(5) 到达车站、码头的爆炸品、剧毒品、一级氧化剂、放射性物品（天然铀、钍类除外），应赴现场检查包装等情况。

3. 危险货物运输安全注意事项

(1) 配备符合规定的驾驶员和押运员。驾驶员和押运员必须经过专门培训并取得危险货物运输从业资格证、押运证。

(2) 车辆安全状况和安全性能合格。必须对车辆的安全技术状况进行认真检查，发现故障必须排除后方可投入运行。

(3) 应急处理准备充分。要检查随车消防器材的数量及有效性。要随车携带不发火的工具、专业堵漏设备、劳动防护用品，不得穿钉子鞋和化纤服装。押运员要携带、掌握承载货物的事故技术处置方案（包括危险特性、处置措施、消防处置措施）、产品生产厂家联系电话及交通事故、治安、消防、救护、环保等报警电话。

(4) 精心驾驶，平稳行车。行车要遵守交通、消防、治安等法律法规，驾驶中要尽量少用紧急刹车，以保持货物的稳定，确保行车安全。

(5) 行车途中勤检查。危险品运输的事故隐患主要是从泄漏开始的。由于行车途中车辆颠簸震动，往往容易造成包装破损，因此，行车途中要勤于检查。万一发生泄漏，个人力量无法挽回时，要迅速将车开往空旷地带，远离人群、水源。一旦发生交通事故，要扩大隔离范围，并立即向有关部门报警。

(6) 选择行驶路线得当，行车时间恰当。运输危险品要选择道路平整的国道主干线，不能因图路近而走复杂的路段。行车要远离城镇及居民区，非通过不可时，要再检查一次，确认安全无泄漏再过。不能在城市街道、人口密集区停车吃饭、休息。提倡白天休息，夜间行车，以避让车辆、人员高峰期。

在运输过程中，化学危险品如果出现漏洒现象，应该采取如下措施。

(1) 爆炸品：迅速转移至安全场所修理或更换包装，对漏洒的物品及时用水湿润，洒些锯屑或棉絮等松软物，轻轻收集。

（2）压缩气体或易挥发液体：打开车门、库门，并移到通风场所。液氨漏气可浸入水中，其他剧毒气体应浸入石灰水中。

（3）自燃品或遇水燃烧品：黄磷洒落后要迅速浸入水中，金属钠、钾等必须浸入盛有煤油或无水液体石蜡的铁桶中。

（4）易燃品：将渗漏部位朝上，对漏洒物用干燥的黄沙、干土覆盖后清理。

（5）毒害品：迅速用沙土掩盖，疏散人员，请卫生防疫部门协助处理。

（6）腐蚀品：用沙土覆盖，清扫后用清水冲洗干净。

（7）放射品：迅速远离放射源，保护好现场，请卫生防疫部门指导处理。

二、超限货物运输

1. 超限货物的概念

超限货物是指货物外形尺寸和重量超过常规（指超长、超宽、超重、超高）车辆、船舶装载规定的大型货物。公路货物运输中的超限货物是指符合下列条件之一的货物：

（1）长度在 14 m 以上或宽度在 3.5 m 以上或高度在 3 m 以上的货物。

（2）重量在 2 t 以上的单件货物或不可解体的成组（捆）货物。

根据我国公路运输主管部门现行规定，公路超限货物按其外形尺寸和重量分成四级，见表 2—4—1。

表 2—4—1　　**超限货物分级**

超限货物级别	重量（t）	长度（m）	宽度（m）	高度（m）
一	40～（100）	14～（20）	3.5～（4）	3～（3.5）
二	100～（180）	20～（25）	4～（4.5）	3.5～（4）
三	180～（300）	25～（40）	4.5～（5.5）	4.0～（5）
四	300 以上	40 以上	5.5 以上	5 以上

注：

①“括号数”表示该项参数不包括括号内的数值。

②货物的重量和外廓尺寸中，有一项达到表列参数，即为该级别的超限货物，货物同时在外廓尺寸和重量上达到两种以上等级时，按高限级别确定超限等级。

2. 超限货物的运输要求

基于超限货物的特点，其运输组织工作与一般货物运输有所不同。

（1）特殊装载要求。超限货物运输对车辆和装载有特殊要求，一般情况下，超重货物装载在超重型挂车上，用超重型牵引车牵引，而这种超重型车组是非常规的特种车组，车组装上超限货物后，往往重量和外形尺寸大大超过普通汽车、列车，因此超重型挂车和牵引车都是用高强度钢材和大负荷轮胎制成，价格昂贵。

（2）特殊运输条件。超限货物运输条件有特殊要求，途经道路和空中设施必须满足所运货物外形的通行需要。道路要有足够的宽度、净空以及良好的曲度。桥涵要有足够的承载能力。这些要求在一般道路上往往难以满足，必须事先进行勘测，运前要对道路相关设施进行改造，例如排除地空障碍、加固桥涵等，运输中采取一定的组织技术措施，采取分段封闭交通，超限车组才能顺利通行。

（3）特殊安全要求。超限货物一般均为国家重点工程的关键设备，因此超限货物运输必须确保安全，万无一失。其运输可说是一项系统工程，要根据有关运输企业的申请报告，组织有关部门、单位对运输路线进行勘察筛选；对地空障碍进行排除；对超过设计荷载的桥涵进行加固；指定运输护送方案；在运输中，进行现场调度，搞好全程护送，协调处理发生的问题；所运超限货物价值高、运输难度大，牵涉面广，所以受到各级政府和领导、有关部门、有关单位和企业的高度重视。

3. 超限货物的装卸经验

运输超限货物时，由于货物的长大笨重特点，通常都要采取相应的技术措施和组织措施。因此，组织超限货物运输对于装运车辆的性能和结构、货物的装载和加固技术等都有一定的特殊要求。在实践中，进行超限货物的装卸经验如下：

（1）为了保证货物和车辆完好，保证车辆运行安全，必须满足一定的基本技术条件。即货物的装卸应尽可能选用适宜的装卸机械，装车时应使货物的全部支承面均匀地、平衡地放置在车辆底板上，以免损坏大梁；载运货物的车辆，应尽可能选用大型平板等专用车辆，如图 2—4—1 所示。

图 2—4—1　超限货物运输专用车辆

（2）除有特殊规定者外，装载货物的重量不得超过车辆的核定吨位，其装载的长度、高度、宽度不得超过规定的装载界限。

（3）支承面不大的笨重货物，为使其重量能均匀地分布在车辆底板上，必须将货物安置在纵横垫木上，或相当于起垫木作用的设备上，如图 2—4—2 所示。

（4）货物的重心尽量置于车底板纵、横中心线交叉点的垂直线上，如无可能时，则对其横向位移严格限制。纵向位移在任何情况下都必须保证负荷较重一端的轮对或转向架的承载重量不超过车辆设计标准。

（5）重车重心高度应有一定限制，重车重心如偏高（见图 2—4—3），除应认真进行装载加固外，还应采取配重措施以降低其重心高度。同时，车辆应限速行驶。在超限货物中，一些货物的支承面小，其重量集中于装载车辆底板上某一小部分，使货物的重量大于所装车辆底板负重面最大允许载重量。所以，在确定集重货物的装载方案时，应采取措施避免使车底架受力过于集中，造成工作压力超过设计的许用限度。

（6）长大笨重货物装车后，载于车辆上运输时（如图 2—4—4 所示），比普通货物更易

图 2—4—2 装载加固支撑面积较小的特货

图 2—4—3 装载加固重心偏高的特货

受到包括纵向惯性力、横向惯性力、垂直惯性力、风力以及货物支承面与车底板之间的摩擦力等各种外力的作用，这些外力的综合作用往往会使货物发生水平移动、滚动甚至倾覆。因此，运送长大笨重货物时，除应考虑它们合理装载的技术条件外，还应视货物重量、形状、大小、重心刻度、车辆和道路条件、运送速度等具体情况，采取相应的加固捆绑措施。

图 2—4—4 超长特货运输作业

4. 道路运输超限货物管理规定

随着国民经济建设速度的加快，一些行业对重大件设备的需求量不断增加，且因道路运输的明显特点，大部分重大件货物是通过道路运输来完成的。关于道路运输超限货物的管理规定如下。

（1）管理规定的依据。中华人民共和国原交通部令 2000 年第 2 号《超限运输车辆行驶公路管理规定》第 4 条规定：超限运输车辆行驶公路的管理工作实行“统一管理、分级负责、方便运输、保障畅通”的原则。

（2）超限货物运输的主管机构。国务院交通主管部门主管全国超限运输车辆行驶公路的管理工作。县级以上地方人民政府交通主管部门主管本行政区域内超限运输车辆行驶公路的管理工作。超限运输车辆行驶公路的具体行政管理工作，由县级以上地方人民政府交通主管部门设置的公路管理机构负责。

（3）承运规定。承运人在受理托运时，必须做到：

1）根据托运人填写的运单和提供的有关资料，予以查对核实。

2）承运大型物件的级别必须与批准经营的类别相符，不准受理经营类别范围以外的大型物件。

3）承运人应根据大型物件的外形尺寸和车货重量，在起运前会同托运人勘察作业现场和运行路线，了解沿途道路线形和桥涵通过能力，并制定运输组织方案。涉及其他部门的应事先向有关部门申报并征得同意，方可起运。

4）大型物件运输的装卸作业，由承运人负责的，应根据托运人的要求、货物的特点和装卸操作规程进行作业。由托运人负责的，承运人应按约定的时间将车开到装卸地点，并监装、监卸。在货物的装卸过程中，由于操作不当或违反操作规程，造成车货损失或第三者损失的，由承担装卸的一方负责赔偿。

5）运输大型物件，应按有关部门核定的路线行车。白天行车时，悬挂标志旗；夜间行车和停车休息时装设标志灯。

三、鲜活货物运输

1. 鲜活易腐货物的概念

鲜活易腐货物是指在一般运输条件下易于死亡或变质腐烂的物品。此类货物在运输和保管过程中须采取特别的措施，保持一定湿度、温度等，以保持其鲜活或不变质，如图 2—4—5 所示。

图 2—4—5　鲜活易腐货物

2. **鲜活易腐货物的分类**

鲜活易腐货物分为易腐货物和活动物两大类，其中占比例最大的是易腐货物。易腐货物是指在一般条件下保管和运输时，极易受到外界气温及湿度的影响而腐坏变质的货物。易腐货物主要包括肉、鱼、蛋、水果、蔬菜、冰鲜活植物等，活动物包括禽、畜、兽、蜜蜂、活鱼、鱼苗等。

3. **鲜活易腐货物的特征**

（1）需有人随车押运照料。例如，运输兽、畜、蜜蜂、鱼、虾以及鱼苗、鳗苗等活动物，需有人在运输途中添加饲料、上水、换水、注氧气等，可用一般敞式货车（装运耕牛或生猪时，不能使用全铁底板车厢的货车），或经适当改装的专用车、高栏板车等运输。

（2）对温度要求不同。运送肉类的温度要低，蛋类温度要适中，水果、蔬菜或鲜花均怕热又怕冷，如苹果和梨要保持－4℃，香蕉和菠萝要保持12～14℃、8～10℃等。运输此类货物适宜使用冷藏车、保温车。对于要保持零度以上温度的货物，可采取加盖保温材料和封闭车厢车辆运输。

（3）季节性强、货流波动幅度大。例如，水果主要产于夏季与秋季，海洋水产有冬汛和春汛期，鲜蛋的运输旺季在每年的4—6月，蔬菜运输旺季在11月至次年的5月等。由于各地自然条件不同和气候变化不一样，往往影响这些物资产量，使货流产生波动。

（4）运送时间上要求紧迫。大部分鲜活易腐货物极易变质，要求以最短的时间、最快的速度及时运到。

4. **鲜活货物运输的温度要求**

在鲜活易腐货物的运输中，货物的变质大多数都是因为发生腐烂所致的，而冷藏的方法能很好地保持货物原有的特性，使货物保藏的时间较长，不易发生腐烂。冷藏货大致分为冷冻货和低温货两种。冷冻货是指货物在冷冻状态下进行运输的货物，运输温度的范围一般在－20～－10℃之间，低温货是指在还未冻结或货物表面有一层薄薄的冷冻层的状态下进行运输的货物，运输温度的范围一般为－1～16℃。一些具有代表性的冷冻货和低温货的运输温度见表2—4—2和表2—4—3。

表2—4—2 冷冻货的运输温度

货名	运输温度（℃）	货名	运输温度（℃）
鱼	－17.8～－15.0	虾	－17.8～－15.0
肉	－15.0～－13.3	黄油	－12.2～－11.1
蛋	－15.0～－13.3	浓缩果汁	－20

5. **运输质量影响因素**

易腐货物的运输是与人民生活密切相关的，运输质量的好坏至关重要。影响运输质量的主要因素为装车方法和装车时间。

（1）冷藏车。一部冷藏车主要由以下几个部分组成：

1）货车。一般的冷藏车都是在普通货车的基础上改装而成。

2）制冷机组。冷藏车的制冷效果完全取决于制冷机的功率和质量。

3）保温箱。冷藏车都需要有保温箱，须由专业的生产厂家提供。

表 2—4—3　　低温货的运输温度

货名	运输温度（℃）	货名	运输温度（℃）
肉	－5～－1	葡萄	＋6.0～＋8.0
腊肠	－5～－1	菠萝	＋11.0 以内
黄油	－0.6～＋0.6	橘子	＋2.0～＋10.0
带壳鸡蛋	－1.7～＋15.0	柚子	＋8.0～＋15.0
苹果	－1.1～＋16.0	红葱	－1.0～＋15.0
白兰瓜	＋1.1～＋2.2	土豆	＋3.3～＋15.0
梨	＋0.0～＋5.0		

(2) 装车方法。易腐货物的装车方法正确与否，直接影响运输质量。

装车方法有两种：一种是紧密的堆垛方法，主要适用于冻结商品，这样冻结商品本身的冷量不易散失，有利于保持商品质量，并能提高装载能力；另一种是留有间隙的堆码方法，适用于冷却和未冷却的水果、蔬菜、鲜蛋等的运输，其目的是使车内空气顺利流通，排除物品散发出来的热量，使车内温度比较均匀。

例如，水果、蔬菜类货物，须保持通风散热，在货件之间保留一定空隙。怕压的货物，须防止运输过程中受到挤压，必须在车内加隔板并分层装载。

具体的堆码方法要根据易腐商品的品类、包装方式而定，如吊挂法、“品”字形装车法、“井”字形装车法、筐品对装法等。

(3) 装车时间。易腐商品装车的作业时间，直接影响物品托运的初始温度，进而影响货物质量。对冻肉的温度测试表明，由装车开始，至装完封车门止，装车时间按每辆 3 h 计算，平均温度升高 5.6℃。

易腐商品到达时，专用线已经备有冷藏仓库，可以直接卸入冷藏仓库。但是一般车站、码头没有冷藏仓库，这时为防止易腐商品卸车后遭到污染和软化，需要采取以下措施。

在温季和热季货物不得卸入普通仓库或货场上，应事先准备好冷藏车，待冷藏车到达后，实行车车直接过载，货不落地，直接运到市内冷藏仓库或销售部门；在寒季可以暂时卸在货场上，但应事先准备席子、棉被等防护设备，卸后要严密覆盖，然后迅速组织出货，不能在货场上保管过久。

冷却货物一般按现状交付，不检查温度，如发现有腐烂变质情况，经检验后，确认腐损程度，并编制货运记录。

第五节　公路运单的填制和使用

公路运单是公路货物运输及运输代理的合同凭证，是运输经营者接受货物并在运输期间负责保管和据以交付的凭据，也是记录车辆运行和行业统计的原始凭证。

一、公路货物运单的分类

公路货物运单分为甲、乙、丙三种。甲种运单适用于普通货物、大件货物、危险货物等货物运输和运输代理业务；乙种运单适用于集装箱汽车运输；丙种运单适用于零担货物运输。

1. 甲、乙种运单介绍

甲、乙种道路货物运单共分为四联。

第一联存根，作为领购新运单和行业统计的凭据。

第二联托运人存查联，交托运人存查并作为运输合同当事人一方保存。

第三联承运人存查联，交承运人存查并作为运输合同当事人另一方保存。

第四联随货同行联，作为载货通行和核算运杂费的凭证，货物运达、经收货人签收后，作为交付货物的依据。

2. 丙种道路货物运单

丙种道路货物运单共分为五联。

第一联存根，作为领购新运单和行业统计的凭证。

第二联托运人存查联，交托运人存查并作为运输合同当事人一方保存。

第三联提货联，由托运人邮寄给收货人，凭此联提货，也可由托运人委托运输代理人通知收货人或直接送货上门，收货人在提货联收货人签章处签字盖章，收、提货后由到达站收回。

第四联运输代理人存查联，交运输代理人存查并作为运输合同当事人另一方保存。

第五联随货同行联，作为载货通行和核算运杂费的凭证，货物运达，经货运站签收后，作为交付货物的依据。

二、公路货物运单的使用

公路货物运单属于一次性货运合同，必须经运输单位审核并由双方签章后方可具有法律效力。

运单确定了承运方与托运方在货物运输过程中的权利、义务和责任，是货主托运货物的原始凭证，也是运输单位承运货物的原始依据。

根据运单，货主负责将准备好的货物向运输单位按期按时提交，并按规定的方式支付运费，运输单位则应负责及时派车将货物安全运送到托运方指定的卸货地点，交给收货人。

三、公路货物运单的填制

1. 公路货物运单的填制方法

（1）货运单一般由托运人填写也可委托他人填写，并应在货运单上加盖与托运人名称相符的印章。

（2）货运单内容填写要准确、字迹清楚、不得涂改，如果有涂改应由托运人在涂改处盖章证明。

（3）托运人、收货人的姓名、地址应填写全称，起运地、到达地应详细说明所属行政区。

（4）货物名称、包装、件数、体积、重量、保价、等级这些项目应填写齐全。

2. 公路货物运单的格式

本章主要介绍公路货物运单中通用格式，见表 2—5—1。

表 2—5—1　　　　　　　　公路货物运单

承运人：　　　经办人：　　　电话：　　　地址：　　　运单编号：

<table>
<tr><td colspan="2">发货人：</td><td colspan="2">联系人：</td><td colspan="3">电话：</td><td colspan="3">装货地点：</td><td rowspan="2">约定起运时间</td><td rowspan="2"></td></tr>
<tr><td colspan="2">收货人：</td><td colspan="2">联系人：</td><td colspan="3">电话：</td><td colspan="3">卸货地点：</td></tr>
<tr><td>付款人</td><td></td><td>地址</td><td colspan="2"></td><td colspan="2">电话</td><td>约定到达时间</td><td></td><td>需要车种</td><td colspan="2"></td></tr>
<tr><td rowspan="2">货物名称及规格</td><td rowspan="2">包装形式</td><td rowspan="2">件数</td><td rowspan="2">体积
长×宽×高
（cm）</td><td rowspan="2">件重
（kg）</td><td rowspan="2">重量
（t）</td><td rowspan="2">货物价值</td><td rowspan="2">货物等级</td><td colspan="4">计费项目</td></tr>
<tr><td>项目</td><td>里程
（km）</td><td>单价
（元）</td><td>金额
（元）</td></tr>
<tr><td></td><td></td><td></td><td></td><td></td><td></td><td></td><td></td><td>运费</td><td></td><td></td><td></td></tr>
<tr><td></td><td></td><td></td><td></td><td></td><td></td><td></td><td></td><td>装卸费</td><td></td><td></td><td></td></tr>
<tr><td></td><td></td><td></td><td></td><td></td><td></td><td></td><td></td><td>单程空驶损失费</td><td></td><td></td><td></td></tr>
<tr><td></td><td></td><td></td><td></td><td></td><td></td><td></td><td></td><td>保险费</td><td></td><td></td><td></td></tr>
<tr><td></td><td></td><td></td><td></td><td></td><td></td><td></td><td></td><td></td><td></td><td></td><td></td></tr>
<tr><td>合计</td><td></td><td></td><td></td><td></td><td colspan="7">万仟佰拾元</td></tr>
<tr><td colspan="2">托运人记载事项</td><td></td><td colspan="2">付款人银行账号</td><td colspan="2"></td><td>承运人记载事项</td><td colspan="2"></td><td>承运人银行账号</td><td></td></tr>
<tr><td colspan="2">注意事项</td><td colspan="4">（1）货物名称应填写具体品名，如果货物品名过多，不能在托运单内逐一填写时，必须另附货物清单
（2）保险或保价货物，在相应价格栏中填写货物声明价格</td><td colspan="3">托运人签章
年　月　日</td><td colspan="3">承运人签章
年　月　日</td></tr>
</table>

说明：

①填在一张货物运单内的货物必须是属同一托运人。对拼装分卸货物，应将拼装或分卸情况在运单记事栏内注明。易腐蚀、易碎货物、易溢漏的液体、危险货物与普通货物以及性质相抵触、运输条件不同的货物，不得用同一张运单托运。托运人、承运人修改运单时须签字盖章。

②本托运单一式两联，第一联作受理存根，第二联作托运回执。

思考与练习

1. 什么是公路运输？
2. 公路运输有哪些特点？
3. 公路运输有哪些基本作业流程？
4. 什么是整车运输？什么是零担运输？
5. 特种货物都包括哪些？在公路运输时应分别注意哪些问题？
6. 公路货物运单填写的要求有哪些？

7. 2014 年 10 月 16 日上午，客户××工艺品有限公司有一批瓷器想从沈阳运至北京，关于此批货物的托运信息见下表。

货物托运信息

客户	××工艺品有限公司 沈阳市沈河区长安寺××号 李×　1306650××××
收货人	北京工美商场 林×　1339989××××
装货地点	沈阳市沈河区长安寺××号
卸货地点	北京市朝阳区××号
货品信息	瓷器产品，4 t，50 件，内包装纸箱，外包装木箱，规格为 120 cm×100 cm×80 cm，货值 400 000 元
运杂费标准	普通货物基础运价 0.18 元/t·km，装卸费 8.5 元/t，单程空驶损失费 45%×运费，货物保险由承运方办理，按照货物总价的 1.1 倍投保，保险费为投保金额的 0.5%

请根据以上信息填制公路货物运单。

第三章

铁路运输

第一节　铁路运输基础知识

铁路运输是现代运输的主要方式之一，也是构成陆上货物运输的两个基本运输方式之一，在整个运输领域中占有重要地位，并发挥着越来越重要的作用。

一、铁路运输的概念

如图 3—1—1 所示，铁路运输在狭义上通常是指一种以具有轮对的车辆沿铁路轨道运行，以达到运送旅客或货物目的的陆上运输方式。而广义的铁路运输还包括磁悬浮列车、缆车、索道等并非使用车轮形式，但仍然沿特定轨道运行的运输方式，通称轨道运输或轨道交通。

图 3—1—1　铁路运输

二、铁路运输的特点

1. 优点

（1）承运能力大，适合大批量低值商品及长距离运输。

（2）能担负大量的客货运输任务。

（3）铁路运输不受气候和自然条件影响，在运输的准时性方面占优势。

（4）铁路运输成本较低，能耗低。铁路运输费用仅为汽车运输费用的几分之一到十几分之一；运输耗油约是汽车运输的二十分之一。

（5）环境污染小。与其他交通运输方式相比较。铁路运输的污染性较低，特别是电气化铁路影响更小。

2. 缺点

（1）不能实现“门对门”的运输，通常要依靠其他运输方式配合，才能完成运输任务，除非托运人和收货人均有铁路支线。

（2）原始投资大，建设周期长，占用固定资产多。

（3）铁路运输中的货损率较高，而且由于装卸次数多，货物损毁或丢失事故通常比其他运输方式多。

三、铁路运输的分类

铁路货物运输分为整车运输、零担运输和集装箱运输三种。

1. 整车运输

我国现有货车主要为敞车、平车、棚车和罐车，标记载重量为 50 t 和 60 t，棚车容积在 100 m^3以上。托运人向铁路承运人托运一批货物的重量、体积、形状，需要一辆货车运输的，应按整车托运。

2. 零担运输

托运货物的重量、体积和形状，都不需要单独使用一辆货车的一批货物，应为零担运输。零担货物 1 件体积不小于 0.02 m^3（除 1 件货物重量在 10 kg 以上者外），每批件数不超过 300 件。

3. 集装箱运输

集装箱运输是一种现代化的运输方式。它是铁路货物运输的三大种类之一（整车、零担、集装箱）。集装箱运输可促使运输生产走向机械化、自动化，如图 3—1—2 所示。

图 3—1—2　铁路集装箱运输

四、铁路线路等级

铁路线路等级是铁路的基本标准。我国《铁路技术管理规程》规定铁路等级应根据在铁路网中的作用、性质和远期的客货运量确定。我国的铁路等级一般分为三大等级，分别为Ⅰ级铁路、Ⅱ级铁路和Ⅲ级铁路，见表 3—1—1。

五、铁路运输车辆与设施

1. 机车

（1）铁路机车的概念。机车是铁路运输的基本动力。由于铁路车辆大都不具备动力装置，列车的运行和车辆车站内有目的的移动均需机车牵引或推送。

（2）铁路机车的分类。机车按其原动力分，可以分为蒸汽机车、内燃机车和电力机车。

表 3—1—1　　铁路等级一览表

等级	铁路在路网中的意义	远期年客运量
Ⅰ级铁路	在路网中起骨干作用的铁路	≥20×10⁶ t
Ⅱ级铁路	在路网中起骨干作用的铁路	<20×10⁶ t
	在路网中起联络、辅助作用的铁路	≥10×10⁶ t
Ⅲ级铁路	为某一区域服务，具有地区运输性质的铁路	<10×10⁶ t

注：

①远期指交付运营后第 10 年。

②年客货运量为重车方向的货运量与客车对数折算的货运量之和。每天 1 对旅客列车按 1.0×106/a 货运量折算。

本书主要介绍内燃机车和电力机车两种。

1）内燃机车。内燃机车是以内燃机作为原动力的一种机车。内燃机车的热效率可达到 30%左右，是各类机车中效率较高的一种，如图 3—1—3 所示。

图 3—1—3　内燃机车

内燃机车的主要特点是热效率高、线路投资少、整备时间短、起动块、加速快、通行能力大、单位重量轻。内燃机车的整备时间短，持续工作的时间长，适用于长交路。内燃机车用水量少，适用于缺水地区；初期投资比电力机车少，而且机车乘务员劳动条件好，便于多机牵引。但内燃机车最大的缺点是对大气和环境有污染。

2）电力机车。电力机车是指靠其顶部升起的受电弓从接触网上取得电能，并转换成机械能牵引列车运行，如图 3—1—4 所示。

图 3—1—4　电力机车

电力机车的主要特点是可制成大功率机车，具有运输能力大、爬坡性能好、不污染空气、劳动条件好、利于环保、运营费用低、能量不受限制、行驶速度快、起动加速快、可利用多种能源，出车前的准备时间短，不像蒸汽机车那样，既要装煤，又要加水，也不像内燃机车需要加油。无论是在缺水的沙漠地带，或是在冰天雪地的寒冷地区，只要有电力供应，电力机车就能牵引列车昼夜行驶等优点，特别适用于坡度大、隧道多的山区铁路和繁忙干线。

2. 铁路车辆

（1）铁路车辆的概念。铁路车辆是铁路中用来装运货物，运送旅客或作其他特种用途的运载工具。车辆一般本身没有动力装置，只有连挂起来在机车的牵引下，才能在线路上运行。

（2）铁路车辆的分类。铁路车辆按其用途分为客运车辆、货运车辆、特种用途车辆，本书主要介绍货运车辆的分类。

1）客运车辆。凡供运送旅客和为旅客服务的车辆或原则上编组在旅客列车中使用的车辆均称为客车。

按照旅行生产的需要，常用的客车有硬座车（YZ）、软座车（RZ）、硬卧车（YW）、软卧车（RW）、餐车（CA）、行李车（XL）、邮政车（UZ）等。

2）货运车辆。货运车辆分为通用货车和专用货车两种。

通用货车是指一种通用性质较强的车辆，对于大多数的货物都有可以运载的功能。应用的领域比较广泛，也是比较常见的铁路车辆类型，例如棚车、敞车等，见表3—1—2。

表3—1—2　　货运车辆

类型	图示	说明
棚车		型号P，车体具有顶棚、车墙及车窗，可防止雨水浸入车内，用于装载贵重器材及怕日晒和潮湿的货物。有的棚车，车内还设有烟囱、床托等装置，必要时可运送人员和马匹，常用于装怕湿及贵重货物
平车		型号N，平车是指不带端壁、侧板的货车。平车主要用于运送钢材、木材、汽车、拖拉机、机器、桥梁构件和沙石等货物。大部分平车的车体只有地板，为了提高平车的使用效率，减少回空，少数平车还有不超过0.5 m的活动板墙，以便运送矿石等散装颗粒货物，用于装运长大货物与集装箱
敞车		型号C，具有端壁、侧壁、地板而无车顶、向上敞开的货车，主要供运送煤炭、矿石、矿建物资、木材、钢材等大宗货物用，也可用来运送重量不大的机械设备和不怕湿的散装货物

续表

类型	图示	说明
罐车		型号 G，罐车车体为一卧式圆筒，装有安全调压装置，专用于装运液体、液化气体和压缩气体等货物，也有少数罐车是用来装运粉状货物的
集装箱车		型号 X，是指用以运载可卸下的集装箱的专用运输车辆，集装箱车只具有车底架，但比平车底架强度大

3. 铁路车站设施

车站是铁路运输的基层生产单位。车站除了办理旅客、货物运输作业外，还要办理列车运行作业。根据车站所担负的任务量和在国家政治、经济上的地位，车站共分为六个等级，即特等站、一、二、三、四、五等站。按技术作业性质的不同，车站可分为中间站、区段站和编组站。编组站和区段站统称为技术站。按业务性质的不同，车站分为货运站、客运站和客货运站。

（1）中间站。中间站的物流作业包括：行李、包裹的承运、保管、装卸与交付；货物的承运、保管、装卸与交付；接发列车作业（包括接车、发车和通过列车）；摘挂列车的车辆摘挂作业，以及向货物线、专用线取送车辆的调车作业。

（2）区段站。区段站的物流作业包括：行李、包裹的承运、保管、装卸与交付；货物的承运、保管、装卸与交付；运转作业，包括接发、解体、编组列车，取送调车等；机车业务，包括换挂机车，机车整备、修理和检查等；车辆业务，列车的技术检查和车辆的检修。

（3）编组站。编组站的任务有：解编各类货物列车，组织和取送本地区车流，供应列车动力、整备检修机车，货车的日常技术保养等。

（4）货运站与货场

1）货运站。货运站办理的主要作业有运转作业和货运作业。有的货运站还办理机车整备作业、车辆洗刷消毒作业、冷藏车的加冰作业与客运作业。货运站按其办理的货物种类与服务对象可分为综合性货运站和专业性货运站。

2）货场。铁路货场是办理货物承运、装卸、保管和交付作业的场所，也是铁路与地方短途运输相衔接的地方。铁路货场按其办理的货物种类可分为综合性货场和专业性货场；按其办理的货运量可分为大型货场、中型货场和小型货场；按其办理的货运作业可分为整车货场、零担货场、集装箱货场和兼办整车、零担与集装箱作业的货场；按线路配置图形又可分为尽头式货场、通过式货场和混合式货场。

六、铁路运输的流程

铁路货物运输的业务流程主要包括发送作业、途中作业、到达作业等内容。

1. 发送作业

(1) 托运。托运人向承运人提出货物运单和运输要求。

(2) 受理。货运室核对运单填写是否正确，如认为可以承运，即予以签证并指定货物搬入日期和地点。

(3) 进货验收。托运人把货运进车站仓库，货物经车站对照运单审验后，过磅、贴签，双方办理交接，车站配货后上站入装至车货位。

(4) 制票承运。车站根据运单制作货票，核收运输费用，在运单上加盖站名日期戳以示承运。

(5) 装车。车站按货运线路、站点、中转组织装车。

2. 途中作业

(1) 换装整理。货车在运输过程中，发现可能危及行车安全或货物完整时，所进行的更换货车或对货物的整理作业。

(2) 运输合同变更。变更到站，变更收货人承运后发送前取消托运、人为解除货物运输合同。

(3) 整车分卸。在途中分卸站要进行货物的分卸作业。

(4) 运输故障的处理。绕路运输——由于不可抗力（如风灾、水灾、地震等）的原因致使行车中断，货物运输发生阻碍时。择机再装——在必要时先将货物卸下，妥为保管，待恢复运输时再行装车继续运输。

3. 到达作业

(1) 卸货后通知收货人，持领货凭证办手续。收货人持领货凭证和规定的证件到货运室办理货物领取手续，在支付费用和在货票丁联盖章（或签字）后，留下领货凭证。

(2) 凭运单取货。货运室在运单和货票上加盖交付日期戳，并将领货凭证或证明文件粘贴或记载在货票丁联上，然后将货物运单交给收货人，收货人凭货物运单到货物存放地点领取货物。

第二节 铁路整车运输

一批货物的重量、体积、性质或形状需要一辆或一辆以上铁路货车装运（用集装箱装运除外），即属于铁路整车运输。

一、整车运输的条件

1. 承运人原则上应按件数和重量承运货物，但对散装、堆装货物的规格、件数过多，在装卸作业中难于点清件数的货物，则只按重量承运，不计算件数。

2. 货物的重量或体积。我国现有的货车以棚车、敞车、平车和罐车为主，标记载重量（简称为标重）大多为 50 t、60 t 及其以上，棚车的容积在 100 m^3 以上。达到这个重量或容积条件的货物，应按整车运输。有一些专为运输某种货物的专用货车，如剧毒品车、散装水泥车、散装粮食车、长大货物车、家畜车等，按专用货车的标重、容积确定货物的重量与体积是否需要一辆货车装载。

3. 按照货物运输途中的特殊需要，允许托运人派人押运。

4. 允许在铁路专用线、专用铁路内装车或卸车。

下列货物需要按整车运输：①需要冷藏、保温或加温运输的货物；②规定只限按整车办理的危险货物；③易于污染其他货物的污秽品（例如未经过消毒处理或未使用密封不漏包装的牲骨、湿毛皮、粪便、炭黑等）；④蜜蜂；⑤不易计算件数的货物；⑥未装容器的活动物（铁路局规定在管内可按零担运输的除外）；⑦一件货物重量超过 2 t，体积超过 3 m^3 或长度超过 9 m 的货物（经发站确认不致影响中转站和到站装卸车作业的除外）。

二、整车运输的有关概念

1. 一批

“一批”是铁路承运货物和计算运输费用的一个基本单位，是指使用一张货物运单和一份货票，按照同一运输条件运输的货物。所以按一批托运的货物，其托运人、收货人、发站、到站和装卸地点必须相同（整车分卸货物除外）。

（1）整车货物每车为一批，跨装、爬装及使用邮车的货物，每一车组为一批。

（2）零担货物以每张货物运单为一批。

（3）用集装箱运输的货物，以每张货物运单为一批。每批必须是同一箱型，同一箱主，至少一箱，最多不得超过铁路一辆货车所能装运的箱数。

下列货物不得按一批托运：

（1）易腐货物与非易腐货物。

（2）危险货物与非危险货物（另有规定者除外）。

（3）根据货物的性质不能混装运输的货物。

（4）按保价运输的货物与不按保价运输的货物。

（5）投保运输险货物与未投保运输险货物。

（6）运输条件不同的货物。

不能按一批运输的货物，在特殊情况下，经铁路分局承认也可按一批托运。

2. 货物运到逾期

所谓货物的运到逾期，是指货物的实际运到天数，超过规定的运到期限。货物的实际运输天数是指从起算时间到终止时间的这段时间。

货物实际运到日数的计算方法：

起算时间从承运人承运货物的次日（指定装车日期的，为指定装车日的次日）起算；终止时间，到站由承运人组织卸车的货物，到卸车完了时止；由收货人组织卸车的货物，到货车调到卸车地点或货车交接地点时止；货物运到期限，起码天数为 3 日；货物实际运到日数，超过规定的运到期限时，承运人应按所收运费的百分比，向收货人支付下列数额的违约金。违约金计算表见表 3—2—1、表 3—2—2。

货物运到期限在 11 日以上，发生运到逾期时，按表 3—2—2 计算违约金：

表 3—2—1　　　　违约金计算表（一）

<table>
<tr><th>日数运到期限</th><th>1 日</th><th>2 日</th><th>3 日</th><th>4 日</th><th>5 日</th><th>6 日以上</th></tr>
<tr><td>3 日</td><td>15%</td><td colspan="5">20%</td></tr>
<tr><td>4 日</td><td>10%</td><td>15%</td><td colspan="4">20%</td></tr>
<tr><td>5 日</td><td>10%</td><td>15%</td><td colspan="4">20%</td></tr>
<tr><td>6 日</td><td>10%</td><td>15%</td><td>15%</td><td colspan="3">20%</td></tr>
<tr><td>7 日</td><td>10%</td><td>10%</td><td>15%</td><td colspan="3">20%</td></tr>
<tr><td>8 日</td><td>10%</td><td>10%</td><td>15%</td><td>15%</td><td colspan="2">20%</td></tr>
<tr><td>9 日</td><td>10%</td><td>10%</td><td>15%</td><td>15%</td><td colspan="2">20%</td></tr>
<tr><td>10 日</td><td>5%</td><td>10%</td><td>10%</td><td>15%</td><td>15%</td><td>20%</td></tr>
</table>

表 3—2—2　　　　违约金计算表（二）

逾期总日数占运到期限天数	违约金
不超过 1/10 时	运费的 5%
超过 1/10，但不超过 3/10 时	运费的 10%
超过 3/l0，但不超过 5/10 时	运费的 15%
超过 5/10 时	运费的 20%

三、整车运输货物运输作业流程

1. 备运

备运是做好商品发运业务的前提条件，在备运阶段，要做好货源组织工作，这是做好发运工作的基础。备运阶段要做好三件事：一是做好货源的调查、摸清生产、市场变化、时间要求和运力松紧等情况，进行综合分析，提出调运方案；二是在组织落实货源的基础上，做好货源的具体安排，根据已批准的运输计划，结合商品调运的数量和去向，分出轻重缓急，提出旬、日计划，做好车、船、货的衔接；三是选择经济合理的运输方式和运输工具，以加速商品发运。

2. 组配

“组配”是根据旬计划、日安排组织商品配装，是发运过程中的一道重要环节。根据单、货的流转情况，有两种不同的组配方法：一种是见单组配；另一种是见货组配。车站装车发运一般是见单组配。见单组配又有两种情况：一种是商品调拨供应单在开单后，直接流转到商品运输组配环节进行组配；另一种是商品调拨供应单先流转到商品储存仓库，经过集中商品，并在包装上按运输计划要求刷、贴或书写好运输标记后，再将商品调拨供应单流转到商品运输组配环节进行组配。见货组配是生产单位直接将商品运送到铁路专用线的站台仓库收货。由于这种直拨方法不能先得到商品调拨供应单进行组配，只能在站台仓库收到商品，见货到齐后，才能进行组配。组配的要求如下：

（1）性质互有影响的货物不能组配在一起。

（2）运价号不同的货物不能组配在一起。

（3）组配时应考虑运输工具的充分利用。

（4）对甩退货物应优先组配。

3. 制单

制单是根据组配环节转来的组配好的商品调拨供应单，填制有关商品运输的各种单证。主要包括货物运单和运输交接单，要按有关规定填写。

4. 托运

托运环节包括批单、送货、监装和缴纳运输费用等工作。

（1）批单。按旬间日历计划要求，及时向承运部门提出发运商品的货物运单，经承运部门审批受理后，即可按承运部门指定的日期和地点组织送货。

（2）送货。包括根据制单环节流转来的运输交接单、商品调拨供应单提货联向仓库提出商品，送入发运地点，与货运员办理点件、检验等交接手续。

（3）监装。要求在装载中，指导工人注意轻拿轻放，妥善堆装、合理搭配，不亏吨、不甩货。

（4）交费。在发运商品装好车后，凭承运部门签章的货物运单向承运部门交付费用的一项工作，交付费用手续办好后，应取回领货凭证和付费凭证（货票），并经承运部门在货物运单上盖上承运日期戳，发运单位或发货人托运的商品即算起运。

5. 送单

运输员在办好托运交付工作及交付运杂费用后，由指定办理送单的人员，将领货凭证、付费货票、运输交接单、商品供应单证的有关联次，分送收货或中转单位及内部有关各工作环节。送交收货单位的运输交接单、商品调拨供应单、补运单等随货同行联，应及时随货送交商品接收单位。它的目的是保证商品接收单位在接货时按随货同行单证做好商品清点、验收、冲销在途商品等工作。

单货同行的方法，一般将随货同行单证放在发运商品车厢内明显安全的地方或船上理货员随货交给收货单位；在单证少的情况下，也可托发运车站带单，随货物运单送交到站，通知收货单位取单。有关分送内部各环节的单证，则应按各单位规定，及时将运输交接单的托收联和调拨供应单的托收联一起送交财会部门托收货款。交付运杂费的货票和运输交接单的运费结算联，亦应及时流转给结算环节。运输交接单的运输留存联，则按各单位规定时限，交给统计归档环节进行统计、归档。

6. 预报

预报是在商品发运以后，预先告知商品接收单位货已发运的通知。发预报的目的在于迅速通知收货单位做好接收准备，或中转单位做好接转的准备工作。预报一般以电报、电话将发站、到站、发运车号、船名、运单号、件数、重量、发运日期等通知收货单位，发给中转单位的则应按每一收货单位的件数、重量通知。

7. 结算

商品发运后，发运单位向收货单位或供货单位结算收回代垫运杂费及其他费用的核算环节。结算分送货制、取货制、统一发货三种情况。

（1）送货制单位发运商品，所发生的各种运输费用只作内部核算。

（2）取货制单位发运商品，所付的运杂费用，凭发运商品的运输交接单代垫费用结算联，向收货单位结算收回。

(3) 统一发货单位发运商品后所垫付的一切费用及服务费，则凭运输交接单结算联向发货或收货单位结算。采用送货制的向供货单位结算；采用取货制的向收货单位结算。

8. 统计归档

除统计发运数量外，还凭发运留存统计单证计算有关经济指标。

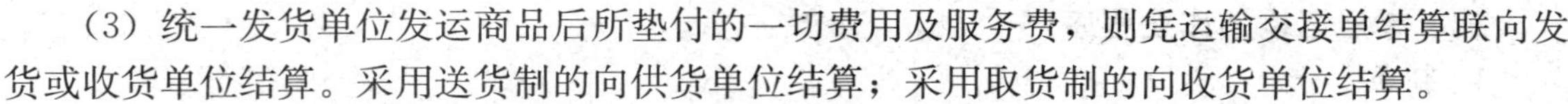

第三节 铁路零担运输

同一托运人一次托运货物的计费重量不足 3 t 者，为零担货物，按零担运价计费并组织运输。托运一批次货物数量较少时，装不足或者占用一节货车车皮（或一辆运输汽车）进行运输在经济上不合算，而由运输部门安排和其他托运货物拼装后进行运输，并按托运货物的吨公里（t·km）数和运价率计费。

一、零担货物的种类（见表 3—3—1）

表 3—3—1 零担货物的种类

种类	说明
普通零担货物	简称普零货物，即以零担办理的普通货物，使用棚车装运
危险零担货物	简称危零货物，即以零担办理的危险货物，使用棚车装运
笨重零担货物	简称笨零货物，应满足以下条件： (1) 一件重量在 1 t 以上，体积在 2 m^3 或长度在 5 m 以上，需要以敞车装运的货物 (2) 货物的性质适宜敞车装运和吊装吊卸

二、零担货物的运输条件

1. 一件零担货物的体积不得小于 0.02 m^3，但如果一件重量在 10 kg 以上，可以不在此限。

2. 为便于装卸作业中的堆码、交接和配装，一批零担货物的件数，不得超过 300 件。

3. 不易计算件数的货物、运输途中有特殊要求的货物、易于污染其他物品的货物，不得按零担办理。

4. 托运人应在每件零担货物上标明清晰的标记，以便作业中识别。

5. 货物的重量由铁路部门确定，但对于标准重量、标记重量或附有过磅清单的零担货物，允许由托运人确定重量，但铁路部门可进行复查和抽查。一般情况下不允许派押运人。

6. 零担配置货运场站设施要便于取货上门，送货到家，集零为整，化整为零。

7. 零担货物运输要形成运输网络，便于提供货物中转服务，扩大服务范围，提高车辆利用效率。

8. 零担货物运输应具有较高的组织管理水平，小件货物的运送往往需要经过多个线路区段、多家运输企业联手合作才能完成，服务质量要求高，因而必须具有较高的组织管理水平。

9. 零担货物运输的车辆技术装备要求高，要求采用厢式车，以适应货物品种多、批量小、重量轻、体积小的装运要求，减少货物途中受损和灭失。

三、零担运输的作业程序

1. 制单

根据货物调拨供应单，填制货物运单和有关运输交接凭证，并将同行单据订于运单背后。

2. 复核

对运输单据的内容，包括到站、收货人、品名、件数、重量，逐项认真复核，做到准确无误。

3. 批票

按规定时间，将货物运单送交车站办理托运批票，即车站正式受理指定送货日期、地点。有的到站可当场批票，有的则需等铁路车站的邮寄通知。

4. 印鉴

根据货物运单所列的发货人、收货人、到站、品名、件数、运输号码等项目印制运输标签。

5. 上站

按车站指定时间和地点，将货物按时上齐，并要逐件检查货物与运单是否相符，运输标记、包装是否符合要求，检查无误后，向铁路货运人员按货物运单实物交接。

第四节　铁路运单的填制和使用

在运输过程中，运单是铁路办理货物运输最原始的依据，如果发生事故或运输费用计算错误时，它是处理承运人与托运人、收货人之间责任的根据。

一、铁路运单的组成和分类

1. 铁路货物运单的组成

货物运单由两部分组成，即货物运单和领货凭证。

2. 铁路货物运单的分类

现付运单：黑色印刷。

到付或后付运单：红色印刷。

快运货物运单，也为黑色印刷，仅将票据名称的“货物运单”改印为“快运货物运单”字样。

剧毒品专用运单，样式与现付运单一样，只是用黄色印刷，所以又称为黄色运单，并有剧毒品的标志图形（骷髅图案）。

二、铁路货物运单的使用

货物运单（以下简称运单）是承运人与托运人之间，为运输货物而签订的一种运输合同。托运人对其在运单和物品清单内所填记事项的真实性，应负完全责任。

托运人托运货物时，应向承运人按批提供《铁路货物运输规程》规定格式的货物运单一张。使用机械冷藏列车运输的货物，同一到站、同一收货人可以数批合提一份运单；整车分卸的货物，对每一分卸站应增加两份运单（到站、收货人各一份）。

运单由承运人印制，在办理货运业务的车站按规定的价格出售。运量较大的托运人经发站同意，可以按照承运人规定的格式，自行印制运单。

三、铁路运单的填制

1. 铁路运单填制的基本要求

运单的填写，分为托运人填写和承运人填写两部分。在运单中“托运人填写”（粗线的左侧）和“领货凭证”有关各栏由托运人填写，右侧各栏由承运人填写。承、托双方在填写时均应对运单所填记的内容负责。运单的填写要做到正确、完备、真实、详细、清楚、更改盖章。

（1）正确。要求填记的内容和方法符合规定。

（2）完备。要求填记的事项，必须填写齐全，不得遗漏。如危险货物不但填写货物的名称，而且要填写其编号。

（3）真实。要求实事求是地填写，内容不得虚假隐瞒。如不能错报、匿报货物品名。

（4）详细。要求填写的品名应具体，有具体名称的不应概括名称，如双人床、沙发、立柜不能填写为家具。

（5）清楚。填写字迹清晰，应使用钢笔、毛笔、圆珠笔或加盖戳记、打字机打印或印刷等方法填写，不能用红色墨水填写，文字书写规范，以免造成办理上的错误。

（6）更改盖章。运单内填写各栏有更改时，在更改处，属于托运人填记事项，应由托运人盖章证明；属于承运人记载事项，应由车站加盖站名戳记。承运人对托运人填记事项一般不得更改。

铁路规定：严禁中介部门代理（代办）国内危险货物运输。因此，在办理国内危险货物运输时，托运人应直接向铁路办理托运手续。在办理托运手续时，须出具资质证书、经办人身份证和业务培训合格证书。

2. 铁路货物运单的填写方法

（1）“发站栏”和“到站（局）”栏，应分别按《铁路货物运价里程表》规定的站名完整填记，不得简称。到达（局）名，填写到达站主管铁路局名的第一个字，例如：（哈）、（上）、（广）等，但到达北京铁路局的，则填写（京）字。

到站所属省（市）、自治区，填写到站所在地的省（市）、自治区的名称：到站及到站所属铁路局、省（市）自治区，三者必须相符。

（2）“托运人名称”和“收货人名称”栏应填写托运单位和收货单位的完整名称，如托运人或收货人为个人时，则应填记托运人或收货人姓名。

“托运人地址”和“收货人地址”栏，应详细填写托运人和收货人所在省、市、自治区城镇街道和门牌号码或乡、村名称。托运人或收货人装有电话时，应记明电话号码。如托运人要求到站的车站在货物到达后用电话通知收货人时，必须将收货人电话号码填写清楚。

（3）货物名称栏：“货物名称”栏应按《铁路货物运价规则》附表二“货物运价分类表”或国家产品目录，危险货物则按《危险货物运输规则》附件一“危险货物品名索引表”所列的货物名称完全、正确填写。托运危险货物并应在品名之后用括号注明危险货物编号。“货物运价分类表”或“危险货物品名索引表”内未经列载的货物，应填写生产或贸易上通用的具体名称。

按一批托运的货物，不能逐一将品名在运单内填写时，须另填物品清单一式三份，一份由发站存查，另一份随同运输票据递交到站，还有一份退还托运人。

需要说明货物规格、用途、性质的，在品名之后用括号加以注明。

对危险货物、鲜活货物或使用集装箱运输的货物，除填记货物的完整名称外，并应按货物性质，在运单右上角用红色墨水书写或用加盖红色戳记的方法，注明“爆炸品”“氧化剂”“毒害品”“腐蚀物品”“易腐货物”“×吨集装箱”等字样。

(4) 包装栏：本栏填写包装种类，如“木箱”“纸箱”“麻袋”“铁桶”等，按件承运的无包装的货物填写“无”字。使用集装箱运输的货物填写“箱型”。只按重量承运的货物，本栏可不填写。

(5) 件数栏：“件数”栏，按货物名称与包装种类，分别填写件数。使用集装箱运输的货物填写箱数。只按重量承运的货物，本栏填写“散”“堆”“罐”字样。

(6) 货物价格栏：按保价运输和（或）货物保险运输时，必须填写此栏。一票多种货物时，按货物的名称分别填写，也可填写一个总数。

(7) 托运人确定重量栏：按货物名称与包装种类，以千克为单位，分别填写货物的重量，也可填写一个总数。

(8) 合计栏：“货物价格”“托运人确定重量”各栏填写其合计数。“件数”栏填写其合计数或“散”“堆”“罐”字样。

(9) 托运人记载事项栏：此栏填写需要由托运人记载的事项，如：

1) 货物状态有缺陷，但不致影响货物安全运输，应将其缺陷具体注明；

2) 需要凭证明文件运输的货物，应将证明文件名称、号码及填发日期注明；

3) 托运人派人押运的货物，注明押运人姓名和证件名称；

4) 托运易腐货物或“短寿命”放射性货物时，应记明容许运输期限，需要加冰运输的易腐货物，途中不需要加冰时，应记明“途中不需要加冰”；

5) 整车货物应注明要求使用的车种、吨位、是否需要苫盖篷布。整车货物在专用线卸车的，应记明“在××专用线卸车”；

6) 委托承运人代封的货车或集装箱，应标明“委托承运人代封”；

7) 使用自备货车或租用铁路货车在营业线上运输货物时，应记明“××单位自备车”或“××单位租用车”。使用托运人或收货人自备篷布时，应记明“自备篷布×块”；

8) 国外进口危险货物，按原包装托运时，应注明“进口原包装”；

9) 笨重货件或规格相同的零担货物，应注明货件的长、宽、高度，规格不同的零担货物应注明全批货物的体积；

10) 其他按规定需要由托运人在运单内记明的事项

①托运危险货物时，应填写托运人的资质证书号码及经办人的身份证号码、业务培训合格证号码。

②国外进口危险货物按原包装运输时，应填写“进口原包装”字样。

③使用旧包装容器装危险货物（剧毒品除外），应填写“使用旧包装，符合安全要求”字样。

④托运的货物，在《国际铁路货物联运协定》等有关国际运输组织规定中属危险货物，

而我国铁路按非危险货物运输时，可继续按非危险货物运输，但应填写“转海运进（出）口”或“国际联运进（出）口”字样。

⑤经批准改变包装试运时，应填写“试运包装”字样。

⑥经批准进行危险货物新产品试运时，应填写“危险货物新产品试运”字样。

⑦自备罐车装运未做规定的品名，经铁路主管部门批准后进行试运时，应填写“自备罐车试运”字样。

⑧经批准进行危险货物集装箱试运时，应填写“危险货物集装箱试运”字样。

⑨托运爆炸品保险箱时，应填写保险箱的统一编号。

⑩按普通货物条件运输的危险货物，应填写“××（名称），可按普通货物运输”。

⑪润滑油罐车运输润滑油时，应注明“罐车卸后回送××站”。

（10）领货凭证。领货凭证各栏的内容应与运单各栏相应内容保持一致。

（11）托运人盖章或签字。托运人填写完运单和领货凭证并确认无误后，在此两栏内盖章或签字，还应在日期处填写日期。货物运单格式见表3—4—1，货物运单背面实物如图3—4—1所示。

表3—4—1　　货物运单

货物指定于　　月　　日搬入　　××铁路局

货位：　　　　　　　　货物运单

计划号码或运输号码：托运人—发站—到站—收货人　　承运人/托运人装车

运到期限　　日　　　货票第　　号辆　　承运人/托运人施封

<table>
<tr><td colspan="6">托运人填写</td><td colspan="9">承运人填写</td></tr>
<tr><td>发站</td><td></td><td colspan="2">到站（局）</td><td colspan="2"></td><td colspan="2">车种车号</td><td colspan="2"></td><td colspan="3">货车标重</td><td colspan="2"></td></tr>
<tr><td colspan="4">到站所属省（市）自治区</td><td colspan="2"></td><td colspan="2">施封号码</td><td colspan="7"></td></tr>
<tr><td rowspan="2">托运人</td><td>名称</td><td colspan="6"></td><td colspan="2">经由</td><td colspan="3">铁路货车篷布号码</td><td colspan="2"></td></tr>
<tr><td>住址</td><td colspan="2"></td><td colspan="2">电话</td><td colspan="2"></td><td colspan="2"></td><td colspan="3" rowspan="3">集装箱号码</td><td colspan="2" rowspan="3"></td></tr>
<tr><td rowspan="2">收货人</td><td>名称</td><td colspan="6"></td><td colspan="2">运价里程</td></tr>
<tr><td>住址</td><td colspan="2"></td><td colspan="2">电话</td><td colspan="2"></td><td colspan="2"></td></tr>
<tr><td>货物名称</td><td>件数</td><td>包装</td><td colspan="2">货物价格</td><td colspan="2">托运人确定重（kg）</td><td colspan="3">承运人确定重量（kg）</td><td>计费重量</td><td colspan="2">运价号</td><td>运价率</td><td>运费</td></tr>
<tr><td></td><td></td><td></td><td colspan="2"></td><td colspan="2"></td><td colspan="3"></td><td></td><td colspan="2"></td><td></td><td></td></tr>
<tr><td></td><td></td><td></td><td colspan="2"></td><td colspan="2"></td><td colspan="3"></td><td></td><td colspan="2"></td><td></td><td></td></tr>
<tr><td></td><td></td><td></td><td colspan="2"></td><td colspan="2"></td><td colspan="3"></td><td></td><td colspan="2"></td><td></td><td></td></tr>
<tr><td>合计</td><td></td><td></td><td colspan="2"></td><td colspan="2"></td><td colspan="3"></td><td></td><td colspan="2"></td><td></td><td></td></tr>
<tr><td>托运人记载事项</td><td colspan="6">保险：</td><td colspan="3">承运人记载事项</td><td colspan="5"></td></tr>
<tr><td colspan="4">注：本单不作为收款凭证，托运人签约须知见背面</td><td colspan="5">托运人盖章或签字
年　月</td><td colspan="3">到站交付日期戳</td><td colspan="3">发站承运日期戳</td></tr>
</table>

托运人须知

1.托运人持本货物运单向铁路托运货物,证明并确认和愿意遵守铁路货物运输的有关规定。

2.货物运单所记载的货物名称、重量与货物的实际完全相符,托运人对其真实性负责。

3.货物的内容、品质和价值是托运人提供的,承运人在接收和承运货物时并未全部核对。

4.托运人应及时将领货凭证寄交收货人,凭以联系到站领取货物。

收货人领货须知

1.托运人应及时将领货凭证寄交收货人。收货人接到领货凭证后,及时向到站联系领取货物。

2.收货人领取货物已超过免费暂存期限时,应按规定支付货物暂存费。

3.收货人在到站领取货物,如遇货物未到时,应要求到站在本证背面加盖车站日期戳证明货物未到。

图 3—4—1 货物运单(背面)实物图

思考与练习

1. 什么是铁路运输?

2. 铁路运输有哪些特点?

3. 铁路运输有哪些基本作业流程?

4. 什么是铁路整车运输?什么是铁路零担运输?

5. 铁路货物运单填写的要求有哪些?

6. 2014 年 10 月 26 日上午,客户有一批针织内衣须从沈阳运至济南,关于此批货物的托运信息见下表。

货物托运信息

客户	沈阳××××有限公司 沈阳市大东区小河沿路××号 李× 1356650××××
收货人	济南××××服饰有限公司 唐× 1330812××××
装货地点	沈阳市大东区东站货场
卸货地点	济南市槐荫区美里湖工业园
货品信息	针织内衣、用袋包装,每件约重 35.5 kg,共 2 000 件

请根据以上信息填制铁路货物运单。

第四章

水路运输

第一节　水路运输基础知识

水路运输是目前各主要运输方式中兴起最早、历史最久的运输方式，较适用于担负大宗、低值、笨重和各种散装货物的中长距离运输。

一、水路运输的概念

如图 4—1—1 所示，水路运输是以船舶为主要运输工具、以港口或港站为运输基地、以水域包括海洋、河流和湖泊为运输活动范围的一种运输方式。

图 4—1—1　水路运输

二、水路运输的特点

1. 优点

（1）运量大。内河船舶的吨位可达数千吨，由驳船组成的船队的运量超过万吨，长江上 4 400 kW 轮船的定推能力可达 2 万～3 万 t。

（2）占地少。水路运输利用海洋和天然河流，不占用或很少占用耕地。

（3）基建投资少。疏浚内河航道和建设港口的费用约为同等运输能力的铁路建设费用的 1/7。

（4）耗能少，成本低，劳动效率高。水运单位耗能只为铁路运输的 59.6%。运输业中，能耗成本要占运输成本的40％左右，由此比较可知，水运成本为铁路运输成本的71.4％。

2. 缺点

（1）船舶平均航速较低，不能快速将货物运达目的地。

（2）水路运输生产过程受自然条件影响较大，特别是受气候条件影响较大，比如江河断流或枯水、海洋风暴或台风影响等，因而呈现较大的波动性及不平衡性，难以实现均衡生产。

根据水路运输的特点，在运输体系中，水路运输主要承担：大批量货物，特别是集装箱运输；原料、半成品等散货运输，如建材、石油、煤炭、矿石、谷物等的运输；国际贸易运输，即远距离、运量大，不要求快速抵达目的地的国际客货运输。

三、水路运输的分类

1. 根据航行水运性质划分

根据航行水运性质，水运分海运和河运两种。它们分别是以海洋和河流作交通线的。

（1）海运。海运即海洋运输，是使用船舶等水运工具经海上航道运送货物和旅客的一种运输方式，具有运量大、成本低等优点，但运输速度慢，且受自然条件影响，其运输形式有以下3种：

1）沿海运输。是使用船舶通过大陆附近沿海航道运送客货的一种方式，一般使用中、小型船舶。

2）近海运输。是使用船舶通过大陆邻近国家海上航道运送客货的一种运输形式，视航程可使用中型船舶，也可使用小型船舶。

3）远洋运输。是使用船舶跨大洋的长途运输形式，主要依靠运量大的大型船舶。

（2）河运。河运，即内河运输，使用船舶和其他水运工具，在国内的江、河、湖泊、水库等天然或人工水道运送货物和旅客的一种运输方式。它具有成本低、耗能少、投资省、少占或不占农田等优点，但其受自然条件限制较大，速度较慢，连续性差。需要通航吨位较高的船舶，窄的河道要加宽，浅的河道要挖深，有时还得开挖沟通河流与河流之间的运河，才能为大型内河船舶提供四通八达的航道网。

2. 按水路货物运输的营运方式划分

按水路货物运输的营运方式可分为定期船运输（班轮运输）和不定期船运输（租船运输）两大类：

（1）班轮运输。班轮运输又称定期船运输，是指在预先固定的航线上，按照船期表在固定港口之间从事运输业务并按事先公布的费率收取运费的运输方式。

（2）不定期船运输（租船运输）。租船运输又称作不定期船运输，没有固定的航线、装卸港、航期及运价，是相对于班轮运输而言的另一种国际航运经营方式。船东向租船人提供的不是运输劳务，而是船舶的使用权。

四、水路运输设施与设备

1. 港口

港口是运输网络中水陆运输的枢纽，是旅客和货物的集散地，是船舶与其他运输工具的衔接点；它可提供船舶靠泊、旅客上下船、货物装卸、储存、驳运以及其他相关业务，并具有明确的水域和陆域范围。

（1）港界。港界是指港口范围的边界线。根据地理环境、航道情况、港口设备以及港内工矿企业的需要等进行规定。一般利用海岛、山角、河岸突出部分，岸上显著建筑物，或者设置灯标、灯桩、浮筒等，作为规定港界的标志，也有按经纬度划分的。

（2）港区。港区是指港界范围以内由港务部门管理的区域（包括陆域和水域）。

（3）港口作业区。根据港口具体情况和吞吐量的大小，为充分发挥港口设备能力，便利装卸管理，将港区划分为几个作业区，称为港口作业区。

（4）码头。码头是指供船舶停靠、装卸货物和上下游客的水工建筑物。是港口的主要组成部分。按码头的平面布置分：有顺岸式、突堤式、墩式等。墩式码头又分为与岸用引桥连接的孤立墩或用联桥连接的连续墩；突堤码头又分窄突堤（突堤是一个整体结构）和宽突堤（两侧为码头结构，当中用填土构成码头地面）。

（5）泊位。泊位是指供一艘船靠泊的一定长度的码头。

（6）港口腹地。港口吞吐货物和旅客集散所及的地区范围。腹地内的货物经由该港进（出）在运输上是比较经济合理的，其范围一般通过调查分析确定。港口腹地分为：直接腹地和中转腹地。通过各种运输工具可以直达的地区范围称为直接腹地；经过港口中转的货物和旅客所到达的地区范围称为中转腹地。

2. 航道

航道是供船舶航行的水道，航标是引导船舶安全行驶的标志。通航标准即将航道尺度作为航道建设的主要标准，包括航道深度、宽度、弯曲半径、断面系数（见运河）以及水上净空和船闸尺度等。它应满足船舶航行安全方便和建设、运行经济的要求。航道尺度与船型的选择相互影响，与水域的条件（天然航道还是人工航道；山区航道、平原航道还是河口航道；库区航道还是湖区航道等）和货运量大小有关。运量大需要的航道尺度就要相应增大，应进行运输成本、航道工程基建投资和维护费用等的综合比较。一般应根据国家制定的通航标准选取航道尺度，以便使各地区、各水系航道畅通和实现直达运输。为了协调船舶、航道、船闸和跨河建筑物的主要尺度，实现内河通航的标准化，促进航道网建设，各国都制定了相应的标准。

3. 航标

航标即助航标志，是用以帮助船舶定位、引导船舶航行、表示警告和指示碍航物的人工标志。为了保证进出口船舶的航行安全，每个港口、航线附近的海岸均有各种助航设施。永久性航标的位置、特征、灯质、信号等已载入各国出版的航标表和海图。

4. 船舶

船舶是水路运输的主要货物运载工具。船舶是指能航行或停泊于水域进行运输或作业的工具。船舶按用途来分主要分为客船和货船。

（1）客船。客船是专门用于载运旅客及行李和邮件的运输船舶。客船分为海洋客船、旅游船、内河客船、车客渡船、小型高速客船等。

（2）货船。货船是专门运输各种货物的船只。货船根据所运货物的不同可分为：杂货船、干散货船、冷藏船、木材船、油轮、滚装船、液化气运输船、载驳船、集装箱船，见表4—1—1。

表 4—1—1　　货船种类

船型	图示	说明
杂货船		杂货船主要用于装载一般包装、袋装、箱装和桶装的杂件货物。典型的杂货船载货量在 10 000～20 000 t 之间。新型的杂货船一般为多用途型，既能运载普通杂件货，也能运载散货、大件货、冷藏货和集装箱
干散货船		干散货船是用以装载无包装的大宗货物的船舶。因为干散货船的货种单一，是不需要进行成捆、成包、成箱的包装装载运输，并且货物本身不怕挤压，便于装卸，所以都是单甲板船，一般不装起货设备，舱内不设支柱，但设有隔板，用以防止在风浪中运行时舱内货物错位
冷藏船		冷藏船是指专门用以装载并运输冷冻易腐鱼、肉、果蔬等货物的船舶。货舱是一大冷藏库，四周隔热，设置制冷装置，严格控制舱内的温度、湿度、二氧化碳含量等参数，保持食品处于低温高湿的环境条件及适宜的气体中，以有效抑制微生物的生命活动和植物性食品的呼吸作用，从而延缓食品的腐败变质
木材船		木材船是指专门用以装载木材或原木的船舶。这种船舱口大，舱内无梁柱及其他妨碍装卸的设备。船舱及甲板上均可装载木材。为防止甲板上的木材被海浪冲出舷外，在船舷两侧一般设置不低于 1 m 的舷墙
油轮		油轮是指专门运载石油类液体物资的船只
滚装船		滚装船是利用运货车辆来载运货物的专用船舶，用牵引车牵引载有箱货或其他件货的半挂车或轮式托盘直接进出货舱装卸的运输船舶

续表

船型	图示	说明
液化气运输船		液化气运输船是指专门运输液化气体的船舶。主要用于运输汽车和集装箱，一般在船侧或船的首、尾有开口斜坡连接码头，汽车或集装箱（装在拖车上）直接开进或开出船舱。液化气运输船装卸速度快，可加速船舶周转速度，不依赖码头上的装卸设备
载驳船		载驳船是指载运货驳的运输船舶，载驳船不需码头和堆场，装卸效率高，停泊时间短，便于河海联运。载驳船造价高，需配备多套驳船以便周转，需要停泊在条件好的宽敞水域作业，且适宜于货源比较稳定的河海联运航线
集装箱船		装箱船是用来专门装运规格统一的标准货箱的船舶。集装箱船按装载情况来分有三大类：全集装箱船、半集装箱船、兼用集装箱船。按箱数，大致分为 1 000 TEU/2 000 TEU/3 000 TEU，现已发展到 6 000 TEU 以上。集装箱船平均航速在 20 海里/h 左右，最高可达 33 海里/h

第二节　班轮运输

班轮运输适合于货流稳定、货种多、批量小的杂货运输，通常的做法是船舶公司在所经营的班轮航线的各挂靠港口及货源腹地通过自己的营业机构或船舶代理人与货主建立业务关系，通过报纸、杂志刊登船期表，通过与货主、无船承运人或货运代理人等签订货物运输服务合同或揽货协议来争取货源。

一、班轮运输概述

班轮运输是航运公司提供的一种服务，货船定期在预定的公告的装卸港营运，运费按照该公司运价表的费率计算，具有“四固定”的特点，即是固定航线、固定港口、固定船期和相对固定的费率，船舶按固定的航线和预先公布的船期表在固定港口间运送旅客和货物的运输。

班轮运输有利于一般杂货和不足整船的小额贸易货物的运输，由于“四固定”的特点，时间有保证，运价固定，为贸易双方洽谈价格和装运条件提供了方便，有利于开展国际贸易。班轮运输长期在固定航线上航行，有固定设备和人员，能够提供专门的、优质的服务。

由于事先公布船期、运价费率，有利于贸易双方达成交易，减少磋商内容。手续简单，方便货主。

二、班轮运输进口业务流程

1. 租船订舱

以 FOB 成交的进口合同，租船订舱由买方负责。在合同规定交货前一定时期内，卖方应将预计装运日期通知买方。买方接到通知后，及时书面委托货运代理或直接委托船舶公司或船务代理办理租船订舱手续。受委托方在订妥舱位后，应及时将船名和船期通知委托方，以便其向卖方发出派船通知，同时受委托方还要通知装货船务代理，及时与卖方或其货运代理联系，按时将备妥货物发到装货口，以便船货衔接。

委托订舱时，应将进口货名、重量、尺码、合同号、包装种类、装卸口、交货期、成交条件、发货人名称、地址、电传号、电话号、传真号等详细通知被委托人，必要时要附言。

海运进口业务，就是根据贸易合同中有关运输条件，把国外的订货加以组织，通过海运方式运进国内的一种业务。海运进口运输工作，视成交条件之不同而有差别。

2. 办理保险

进口货物在国外装船后，卖方应按合同规定，向买方发出装船通知，以便买方做好接货准备和办理投保手续（属买方自行保险者）。

在我国，属买方自行保险的货物，各外贸公司一般均与保险公司签有预约保险合同。每批进口货物在收到国外装船通知后，只要将船名、航次、提单号、预计开船日期、商品名称、数量、装运、目的地等通知保险公司，均可办妥保险手续。

3. 掌握船舶动态

为正确掌握到货时间，要经常搜集船舶动态资料。资料可以从船期表、报纸上登载的船期通告、国外发货人的装船通知及收到的各项单证资料中获得。船舶动态包括船名、船籍、船舶性质、装卸顺序、预计抵达日期、船舶吃水、所载货物名称及数量等。

进口货物的船舶信息至关重要，关键是掌握二程船信息。通常情况下，转船货只确定转船，而未确定二程船信息。因此，收货人及其货运代理所收到的一程船提单上只有“在××转船”（With Transshipment at××）字样，没有二程船名，货运代理可以从船舶的货物舱单上去寻找。因为凡属转船货，在舱单上均注明一程船名、提单号、装运及装船日期等，这样，只要舱单上列有转船货的船就是要找的二程船。舱单上有的转船货项下还注明货物件数、重量，这很有可能是原来属于一程票的货物，现分若干批转来。这些都需要与所掌握的一程船提单核对，无误后及时制单报关提货。如仍查不到，就应立即向一程船公司或其代理查询，以免到货后发生迟报、漏报、压货，甚至被海关超期没收而遭受损失。

4. 收集整理单证

各项进口单证，是进口货物在卸船、报关、报验、接交和疏运各环节中必不可少的，因此必须及时搜集整理备用。这些单证包括商务单证和船务单证两大类：商务单证有合同副本、发票、提单、装箱单、品质证明书等；船务单证则有舱单、货物积载图、租船合同或提单副本、重大件货物清单和危险货物清单等。单证来源于银行、国外发货人、装货代理、进口船务代理、进口船务代理公司，也有随进口船舶带来的。单证收到后，要进行审核、归类或复制，以便货物进口时运用。

5. 报关报检

货物进口必须要经过“一关一检”，即海关、商品检验、卫生检疫、动植物检疫。

进口货物到后，首先要填制“进口货物报关单”，随附提单（B/L）、发票（Invoice）、装箱单或重量单（Packing Last or Weight Memo）。有的还要提供品质检验证书（Certificate of Quality）、原产地证明书（Certificate of Origin）、进口许可证（Import Licence）、危险品说明书（Specification of Dangerous Goods）等有关单证，向海关报关。经海关查验无误，才准予放行。

根据《中华人民共和国海关法》规定，进口货物应自运输工具申报进境之日起14天内申报，开出税单后7天内纳税。超过规定日期申报或迟交税款，要按进口货CIF价的比例缴纳滞报金或按税款的比例缴纳滞纳金。

根据《中华人民共和国进出口商品检验法》规定，凡必须经商检机构检验的进口商品，需向商检机构办理进口商品登记。凡列入“种类表”的进口商品，海关凭商检机构在报关单上加盖的印章验放。收货人应在商检机构规定的地点和期限内，向商检机构报验。凡国家法律、行政法规规定的须经商检机构检验的进口商品，也必须办理。

根据《中华人民共和国进出境动植物检疫法》规定，凡输入动物、动物产品、植物种子、种苗及其他繁殖材料的，必须事先提出申请、办理审批手续。进境后，在进境口岸实施检疫。集装箱货物均要向进境口岸动植物检疫机关报检。来自动植物疫区的运输工具及货物，口岸动植物检疫机关也要实施检疫。

为了提高进口通关效率，降低进出口检验费用，国务院原国家进出口商品检验局、原卫生部卫生检疫局和原农业部动植物检疫局，共同组建了国家出入境检验检疫局。“三检合一”，把过去的三次申报、三次抽样检验变一次报验、一次取样、一次卫生除害处理、一次发证放行的高效率通关形式。

根据《中华人民共和国国境卫生检疫法》规定，集装箱进口均要向国境卫生检疫机关申报。凡食品、食品包装材料，以及来自国外监测传染病流行区的货物，国境卫生检疫机关均要实施卫生监督检疫，采取预防控制措施。

对非贸易进口货物，须填制免领许可证进口物品验放凭证，连同有关证件，向海关申报查验放行。不在进口查验放行的贸易货物，须填制国外货物转运准单，向进口海关申报，经海关同意后监运至目的地，由目的地海关查验放行。国外免费赠送样品，必须填制进口非贸易样品申报单附发票一份向海关申报。如系使领馆进口物资，则凭使领馆或有关单位证明文件，向海关申报。

6. 卸船和接交

船舶到站卸货前，按我国进口规定，由船方申请理货公司，代表船方与提货方交接货物。货主和货运代理，派员在现场监卸。监卸人员应与理货人员密切配合，把好货物数量与质量关。对进货库提货方按票卸货，严禁不正常操作和混卸，并分清原残与工残，对危险货物和船边现提货物，应联系收货人直接提走；对进库待提货物，应按提单、标记分别堆放。船货卸完后，由船方会同理货组长向站方办理交接手续。有关货物溢短残损，要由理货出具报告，散货的理货报告由船长和理货人签署，集装箱拆箱发现的货损货差的理货报告由拆箱人和理货人签署。凡进区仓库货物，货主应凭海运正本提单到船舶公司或其代理处换取提货单，提货单上经海关加盖放行章，凭此向区仓库提货。提货时要认真核对货物的包装、唛头、件数等，如有不符，要取得站方的有效证明。一旦货物离岸，站方的责任即告终止。

对于没有运转机构的单位的进口到货，进口外运公司接受委托，可代表收货人办理接交，并安排运力，将货物转运到收货人指定地点，这就是进口代运。委托可临时的或长期的，与进口外运公司签订“海运进口国内接交、代运协议书”。长期委托一般为3年，逾期双方如无异议，可再自动延长3年。

进口代运工作大大方便了收货人，解决了接货转运方面的困难，节省了收货人的人力和物力，同时可加快进口到货的疏运工作，减少对口岸的压力。为使代运工作顺利进行，委托人应在抵前备妥向海关申报的单证。代理人应在海关放行货物后，及时做好船货车（船）的衔接，安排代运。货物发运后，及时通知收货人接货。

对过境、转运和通运的货物，应当向进境地海关如实申报，并在海关的监管下实施运输。

无论货主自提还是外运公司代运，最重要的是要划清各段承运人、方（站方）以及货主之间的责任，外运公司则作为代理人行事。常用的单据有：中华人民共和国海关进口货物报关单、中华人民共和国海关转关运输货物准单、中华人民共和国进口许可证，分别见表4—2—1、见表4—2—2、见表4—2—3。

表4—2—1　　中华人民共和国海关进口货物报关单

预录入编号：　　海关编号：　　BP机号：

进口口岸	备案号		进口日期	申报日期
经营单位	运输方式		运输工具名称	提运单号
收货单位	贸易方式		征免性质	征税比例
许可证号	起运国（地区）		装货港	境内目的地
批准文号	成交方式	运费	保费	杂费
合同协议号	件数	包装种类	毛重（kg）	净重（kg）
集装箱号	随附单据			用途
标记唛码及备注				

项号	商品编号	商品名称、规格型号	数量及单位	原产国（地区）	单价	总价	币制	征免

续表

<table>
<tr><td colspan="3">税费征收情况</td></tr>
<tr><td>录入员　　　　录入单位</td><td rowspan="2">兹声明以上申报无讹并承担法律责任

申报单位（签章）
填制日期</td><td>海关审单批注及放行日期
（签章）
审单　　　　审价</td></tr>
<tr><td>报关员
单位地址
邮编　　　　电话</td><td>征税　　　　统计
检验　　　　放行</td></tr>
</table>

表 4—2—2　　中华人民共和国海关转关运输货物准单

（2—18）

中华人民共和国海关转关运输货物准单

准单编号

申请人＿＿＿＿＿＿　电话＿＿＿＿＿＿

货物运往地单位及地址＿＿＿＿＿＿　联系人＿＿＿＿＿＿　电话＿＿＿＿＿＿

进境运输工具名称及航次（航班）＿＿＿＿＿＿　存放地点＿＿＿＿＿＿

货物标记	件数包装式样	货员	数量	重量	备注

进境地海关查验情况批注： 封志号： 经办关员　年　月　日	指运地海关查验批准： 经办关员　年　月　日

转关运输货物准单回执准单编号＿＿＿＿＿＿

＿＿＿＿＿＿

海关：号关封已收到我关已接受申报，此复。

海关：
（公章）
年　月　日

表 4—2—3　　中华人民共和国进口许可证

IMPORT LICENCE OF THE PEOPLE'S REPUBLIC OF CHINA No. 0001502

1. 进口商 Importer			3. 进口许可证号 Import licence No.		
2. 收货人 Consignee			4. 进口许可证有效截止日期 Import licence expiry date		
5. 贸易方式 Terms of trade			8. 出口国（地区） Country/Region of exportation		
6. 外汇来源 Term of foreign exchange			9. 原产地国（地区） Country/Region of origin		
7. 报关口岸 Place of clearance			10. 商品用途 Use of goods		
11. 商品名称 Description of goods			商品编码 Code of goods		
12. 规格、型号 Specification	13. 单位 Unit	14. 数量 Quantity	15. 单价（ ） Unit price	16. 总值（ ） Amount	17. 总值折美元 Amount in USD
18. 总计 Total					
19. 备注 Supplementary details			20. 发证机关签章 Issuing authority's stamp & signature 21. 发证日期 Licence date		

对外贸易经济主管部门监制（99）　　TZ-101241

三、班轮运输出口货物业务流程

1. 审核信用证

出口方在收到信用证后认真审核各种条款，如装运期、装运港等。

2. 备货报验

备货就是根据出口成交合同及信用证中对货物的要求按时、按质、按量准备货物。

出口报关前要填写“出口检验申请书”申请检验，取得通关单以及相关的合格检验书。

3. 托运订舱

编制出口托运单，即可向货运代理委托订舱手续。货运代理根据货主的具体要求按航线分类整理后，及时向船舶公司或其代理订舱。目前，货主也可直接向船舶公司或其代理订舱。当船舶公司或其代办签出装货单，订舱工作即告完成，就意味着托运人和承运人之间的运输合同已经缔结。

4. 为货物保险

货物订妥舱位后，属卖方保险的，即可办理货物运输险的投保手续。保险金额通常是以发票的 CIF 加价成投保（加成数根据买卖双方约定，如未约定，则一般加 10%投保）。

5. 货物集中港区

当船舶到港装货计划确定后，按照港区进货通知并在规定的期限内，由托运人办妥集运手续，将出口货物及时运至港区集中，等待装船，做到批次清，件数清，标志清。要特别注意与港区、船舶公司以及有关的运输公司或铁路等单位保持密切联系，按时完成进货，防止工作脱节而影响装船进度。

6. 报关工作

货物集中港区后，把编制好的出口货物报关单连同装货单、发票、装箱单、商检证、外销合同、外汇核销单等有关单证向海关申报出口，经海关关员查验合格放行后方可装船。

7. 装船工作

在装船前，理货员代表船方，收集经海关放行货物的装货单与收货单，经过整理后，按照积载图与舱单，分批接货装船。

装船过程中，托运人委托的货运代理应有人在现场监装，随时掌握装船进度并处理临时发生的问题。装货完毕，理货组长要与船方大副共同签署收货单，交与托运人。理货员如发现某批有缺陷或包装不良，即在收货单上批注，并由大副签署，以确定船货双方的责任。但作为托运人，应尽量争取不在收货单上批注以取得清洁提单。

8. 换取已装船提单

装船完毕，托运人除向收货人发出装船通知外，即可凭收货单向船舶公司或其代理换取已装船提单，这时运输工作即告一段落。

9. 制单结汇

将合同或信用证规定的结汇单证备齐后，在合同或信用证规定的议付有效期限内，向银行交单，办理结汇手续。

常有的单据有：中华人民共和国出口许可证、出口收汇核销单、中华人民共和国海关出口货物报关单，分别见表 4—2—4、表 4—2—5、表 4—2—6。

表 4—2—4　　　　中华人民共和国出口许可证

EXPORT LICENCE OF THE PEOPLE'S REPUBLIC OF CHINA No. 0077522

<table>
<tr><td colspan="3">1. 出口商
Exporter</td><td colspan="3">3. 出口许可证号
Export licence No.</td></tr>
<tr><td colspan="3">2. 发货人
Consignor</td><td colspan="3">4. 出口许可证有效截止日期
Export licence expiry date</td></tr>
<tr><td colspan="3">5. 贸易方式
Terms of trade</td><td colspan="3">8. 进口国（地区）
Country/Region of purchase</td></tr>
<tr><td colspan="3">6. 合同号
Contract No.</td><td colspan="3">9. 支款方式
Payment</td></tr>
<tr><td colspan="3">7. 报关口岸
Place of clearance</td><td colspan="3">10. 运输方式
Mode of transport</td></tr>
<tr><td colspan="3">11. 商品名称
Description of goods</td><td colspan="3">商品编码
Code of goods</td></tr>
<tr><td>12. 规格、型号
Specification</td><td>13. 单位
Unit</td><td>14. 数量
Quantity</td><td>15. 单价（　）
Unit price</td><td>16. 总值（　）
Amount</td><td>17. 总值折美元
Amount in USD</td></tr>
<tr><td></td><td></td><td></td><td></td><td></td><td></td></tr>
<tr><td></td><td></td><td></td><td></td><td></td><td></td></tr>
<tr><td></td><td></td><td></td><td></td><td></td><td></td></tr>
<tr><td></td><td></td><td></td><td></td><td></td><td></td></tr>
<tr><td>18. 总计
Total</td><td></td><td></td><td></td><td></td><td></td></tr>
<tr><td colspan="3" rowspan="2">19. 备注
Supplementary details</td><td colspan="3">20. 发证机关签章
Issuing authority's stamp & signature</td></tr>
<tr><td colspan="3">21. 发证日期
Licence date</td></tr>
</table>

对外贸易经济主管部门监制（99）　　　　TZ241-118

表 4—2—5

出口收汇核销单

编号：No. 39/0012672

出口单位名称：

出口货物数值：20 m/t
出口货物总价：USD 31.000 CIF
收汇方式：L/C 即期
预计收款日期：××××年 5 月 15 日
出口单位所在地：山东青岛
报关日期：××××年 4 月 22 日
出口单位备注：

编号：No. 39/0012672

出口单位名称：

<table>
<tr><td colspan="2">寄单日期：××××年 5 月 3 日</td><td rowspan="3">海关核放情况：
年 月 日（盖章）</td></tr>
<tr><td colspan="2">BP/OC 号：94 FD/106837</td></tr>
<tr><td colspan="2">结汇/收账日期：</td></tr>
<tr><td colspan="2">有关费用及货款处理方式：</td><td rowspan="3">委托行/解付行备注
年 月 日（盖章）</td></tr>
<tr><td>☑运费</td><td>☑保险费</td></tr>
<tr><td>□佣金回扣</td><td>□经批准还袋</td></tr>
<tr><td>□退货款</td><td>□赔款</td><td rowspan="3">出口单位备注
年 月 日（盖章）</td></tr>
<tr><td>□预付款</td><td>□分期/延期付款</td></tr>
<tr><td>□保留现汇</td><td>□其他</td></tr>
<tr><td colspan="3">外汇管理部门：
年 月 日（盖章）</td></tr>
</table>

注：

①出口货物数量，按报关单内容填写出口商品品种及数量。

②出口货物总价，按报关单内容填写成交价格条件及总价。

③收汇方式及预计收款日期：按合同填写，其中收汇方式必须按“细则”规定详细填写。

④出口单位所在地：填写出口单位所在省（自治区、直辖市）、地（市）、县。

注：

①寄单日期、BP/OC 号、结汇/收账日期由受托行/解付行填写，有关费用及货款处理方式由出口单位填写。

②寄单日期系指信用证或托收项下银行寄单日期。

③BP 号系指信用证项下议付通知书编号，OC 号系指托收项下托收委托书编号。如系自寄单据出口，则在 BP/OC 号栏中填写“自寄单据”。

④结汇/收账日期系指解付行将货款结汇或收账的日期。

⑤有关费用及货款处理方式系指出口项下从属费用及经批准保留现汇的货款金额。填写时，在所列的项目中，如发生一项，即在项目前“□”内划“√”，并填写费用金额，如未发生该项，则不填。

表 4—2—6　　中华人民共和国海关出口货物报关单

预录入编号：　　海关编号：　　BP 机号：

<table>
<tr><td>出口口岸</td><td colspan="2">备案号</td><td>出口日期</td><td>申报日期</td></tr>
<tr><td>经营单位</td><td colspan="2">运输方式</td><td>运输工具名称</td><td>提运单号</td></tr>
<tr><td>发货单位</td><td colspan="2">贸易方式</td><td>征免性质</td><td>结汇方式</td></tr>
<tr><td>许可证号</td><td colspan="2">运抵国（地区）</td><td>指运港</td><td>境内货源地</td></tr>
<tr><td>批准文号</td><td>成交方式</td><td>运费</td><td>保费</td><td>杂费</td></tr>
<tr><td>合同协议号</td><td>件数</td><td>包装种类</td><td>毛重（kg）</td><td>净重（kg）</td></tr>
<tr><td>集装箱号</td><td colspan="3">随附单据</td><td>生产厂家</td></tr>
<tr><td colspan="5">标记唛码及备注</td></tr>
</table>

项号	商品编号	商品名称、规格型号	数量及单位	最终目的国（地区）	单价	总价	币制	征免

<table>
<tr><td colspan="3">税费征收情况</td></tr>
<tr><td>录入员　　录入单位</td><td rowspan="2">兹声明以上申报无讹并承担法律责任

申报单位（签章）
填制日期</td><td>海关审单批注及放行日期（签章）</td></tr>
<tr><td>报关员
单位地址
邮编　　电话</td><td>审单　　审价
征税　　统计
查验　　放行</td></tr>
</table>

第三节 不定期船运输

不定期船运输在整个水路运输中占有相当高的比重，在国际海运方面，不定期船运输的货运量和投入运输的船舶吨位都是定期船舶运输的3～4倍以上。

一、不定期船运输概述

无固定航线、无挂靠港口和班期的一种船舶营运方式。常用于大宗货物，特别是干散货和液体散货，例如谷物、煤炭、矿石、石油等的运输。对于批量小、港口分散、货流和货源不稳定的货物，航运公司则需要根据货物流量和流向、发送港和日期等编制月度运输配船计划和运输安排。

二、不定期船运输的特点

1. 按照船舶所有人与承租人双方签订的租船合同安排船舶航线，组织运输；没有相对于班轮运输的船期表和航线。

2. 适合于大宗散货运输，货物的特点是批量大、附加值低、包装相对简单。

3. 舱位的租赁一般以提供整船或部分舱位为主，主要是根据租船合同来定。

4. 船舶营运中的风险以及有关费用的负担责任由租船合同约定。

5. 租船运输中的提单的性质不同于班轮运输，它不是一个独立的文件，对于承租人和船舶所有人而言，仅相当于货物收据，这种提单要受租船合同约束。

6. 承租人与船舶所有人之间的权利和义务是通过租船合同来确定的。

7. 租船运输中，船舶港口运费、装卸费及船期延误，按租船合同规定由船舶所有人和承租人分担、划分及计算，而班轮运输中船舶的一切正常营运支出均由船方负担。

三、不定期船的经营方式

1. 航次租船

航次租船简称程租船，它是由出租人负责提供船舶，在承运人指定的港口间进行一次或多次货物运输的租船运输方式。

（1）航次租船的特点

1）船舶的营运调度工作由船舶出租人负责，船舶的固定成本及所有航次营运成本，包括燃料费、物料费、修理费、港口费、淡水费等营运费用由船舶所有人负担。

2）船舶所有人负责配备船员，负担船员的工资、伙食费。

3）航次租船的“租金”通常称为运费，运费按货物的数量及双方商定的费率计收。

4）货物的装、卸费：双方商定。

5）订明延滞费和速遣费的标准及计算办法。

（2）航次租船的方式

1）单航次租船，只租用一个单航次的租船方式。

2）往返航次租船，只租用一个往返航次的租船方式。

3）连续单航次和连续往返航次租船，连续若干航次或若干个往返航次的租船方式，在完成规定的航次后，租船合同即告结束。

2. **定期租船**

定期租船是一种以时间为基础，以船舶所有人将一艘特定的船舶租给租船人使用的一个特定期限的方式。

船长由船舶所有人任命，船员也由船舶所有人配备，并负担他们的工资和给养，但船长应听从承租人的指挥，否则承租人有权要求船舶所有人予以撤换。

船舶的营运调度由承租人负责，并负担船舶的燃料费、港口费、货物装卸费、运河通行费等与营运有关的费用，而船舶所有人则负担船舶的折旧费、维修保养费、船用物料费、润滑油费、船舶保险费等船舶维持费。

租金按船舶的载重吨、租期长短及商定的租金率计算。租船合同中订有关于交船和还船，以及关于停租的规定。较长期的定期租船合同中常订有“自动递增条款”。

3. **光船租船**

光船租船又称光船租赁，是指船舶出租人向承租人提供不配备船员的船舶，在约定的期间内由承租人占有、使用和营运，并向出租人支付租金的合同。

（1）承租人负责船舶的维修和保养、船长和船员的配备，并承担相关风险和费用。

（2）承租人负责船舶的航行、管理、调度、营运，并承担相关风险和费用。

（3）承租人按照租用船舶的时间计算和支付租金。

（4）出租人不得擅自在出租船舶上设定抵押权。

四、不定期船运输的作业流程（见图4—3—1）

1. **询盘**

询盘是在报价之前的双方互通情况的联系活动，也可以说是报价的前奏。

询盘的目的是为货物运输寻找合适的船舶。询租程租船的内容一般包括：数量、货类、包装、装港、卸港、受载期、装卸率、滞期速遣费、佣金，以及船东不负责装卸的报价条件；询租期租船的内容一般包括：船舶类型、载重吨、船令、吊杆船具、租期、交船地点、还船地点、交船期、航行范围、佣金等。

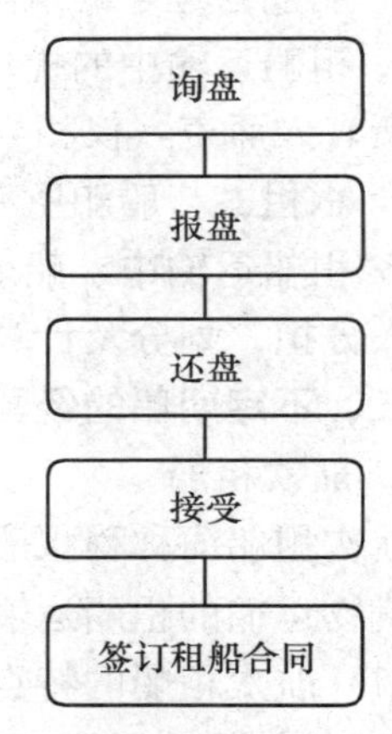

图4—3—1　租船托运作业图

一般情况下，询盘由海运租船助理向租船经纪人发出，经纪人将这些要求转告船东或租船人，要求他们做出答复。

2. **报盘**

在租船过程中，一般由船东首先报盘。报盘的内容只包括主要的可变项目。因为租船合同多达几十个条款，不可能在报盘中开列很多的条款。为了解决洽谈中的困难，租船人都是事先拟定好自己的租船合同范本，分送给租船经纪人或船东，等正式报盘时使用。在租船合同范本中，凡是特定的可变项目都是空着的，例如船东名称、船名、货名、数量、装卸港口、受载期和运价等留待洽租时具体商定。

海运租船助理应代表租船方仔细研究船东的报盘，为选择合适的船东向上级领导提出合理化建议。

3. 还盘

海运租船助理在代表租船方接受对方报盘中部分条件的同时，可以提出自己不同意的条件（即还盘）。租船助理在协助上级还盘时，先要仔细审查对方报盘的内容，看哪些条件可以接受，哪些条件需要修改，哪些条件需要补充，哪些条件需要删掉，哪些事情不清楚，都要提出和明确。

4. 接受

海运租船代理租船人接到船东所报实盘后，经过双方多次在还盘中讨价还价，直到最后一次还实盘的全部内容被双方接受，就算成交。

5. 签订租船合同

正式的租约实际是在合同条款被双方接受后开始拟订的。在此之前，双方共同承诺的实盘中的条款已作为合同产生约束双方的效力。

租约通常缮制正本两份，签署后由当事人双方各持一份存档备查。

签约有两种形式：一是租船人或船东自已签约；二是授权租船代理来签约。租船代理签约时，要说明：根据谁的授权，代表当事人谁（租船人或船东）签约，以及代理人的身份。如果代理人不表明身份，那就可能在发生法律问题时，被认为是当事人，而负有履行租约的责任。

第四节　水路运单的填制和使用

水路运单是承运人或其代理人在接受发货人或货物托运人的订舱时，根据发货人的口头或书面申请货物托运的情况，据此安排货物运输而制定的单证。该单证一经承运人确认，便作为承、托双方订舱的凭证，是运输合同的证明，也是承运人已经接收货物的收据。

一、水路运单的功能和作用

1. 水路运单的功能

（1）运单是运输合同的证明。

（2）运输合同在订立时，未涉及具体事项，如装船时间、实际受载吨位等，这时运单又是运输合同具体内容的补充、细化、完善。

（3）运单是承运人收到货物的收据。

承运人一经接受货物就应签发运单，对托运人而言，收到承运签发的运单后，应证明将货物已交付给承运人了。

2. 水路运单的作用

（1）水路运单是作为代理人与被代理人结算代理费的依据。

（2）水路运单是作为承运人向托运人收取运费的凭据之一。

（3）水路运单是作为承运人与港口经营人结算港口使费的凭据之一。

（4）水路运单是作为承运人统计运输量的凭据。

（5）水路运单是作为港航货物理赔、索赔的重要依据之一。

（6）水路运单是纳税或减免税收的依据。

二、水路货物运单的填制要求

1. 一份运单（见表 4—4—1）填写一个托运人、收货人、起运港、到达港。

表 4—4—1　　**水路货物运单**

年　月　日

交接清单号码：________________

<table>
<tr><td colspan="2">船名航次</td><td colspan="2">起运港</td><td colspan="2"></td><td colspan="2">到达港</td><td colspan="2"></td><td colspan="2" rowspan="4">到达日期
承运人
（章）</td><td colspan="3" rowspan="4">收货人
（章）</td></tr>
<tr><td rowspan="3">托运人</td><td colspan="2">全称</td><td colspan="2"></td><td rowspan="3">收货人</td><td colspan="2">全称</td><td colspan="2"></td></tr>
<tr><td colspan="2">地址、电话</td><td colspan="2"></td><td colspan="2">地址、电话</td><td colspan="2"></td></tr>
<tr><td colspan="2">银行、账号</td><td colspan="2"></td><td colspan="2">银行、账号</td><td colspan="2"></td></tr>
<tr><td rowspan="2">发货符号</td><td rowspan="2">货号</td><td rowspan="2">件数</td><td rowspan="2">包装</td><td rowspan="2">价值</td><td colspan="2">托运人确定</td><td colspan="2">计费重量</td><td rowspan="2">等级</td><td rowspan="2">费率</td><td rowspan="2">金额</td><td colspan="3">应收费用</td></tr>
<tr><td>重量（t）</td><td>体积（长、宽、高）（m）</td><td>重量（t）</td><td>体积（m^3）</td><td>项目</td><td>费率</td><td>金额</td></tr>
<tr><td></td><td></td><td></td><td></td><td></td><td></td><td></td><td></td><td></td><td></td><td></td><td></td><td>运费</td><td></td><td></td></tr>
<tr><td></td><td></td><td></td><td></td><td></td><td></td><td></td><td></td><td></td><td></td><td></td><td></td><td>装船费</td><td></td><td></td></tr>
<tr><td></td><td></td><td></td><td></td><td></td><td></td><td></td><td></td><td></td><td></td><td></td><td></td><td></td><td></td><td></td></tr>
<tr><td></td><td></td><td></td><td></td><td></td><td></td><td></td><td></td><td></td><td></td><td></td><td></td><td></td><td></td><td></td></tr>
<tr><td></td><td></td><td></td><td></td><td></td><td></td><td></td><td></td><td></td><td></td><td></td><td></td><td></td><td></td><td></td></tr>
<tr><td></td><td></td><td></td><td></td><td></td><td></td><td></td><td></td><td></td><td></td><td></td><td></td><td></td><td></td><td></td></tr>
<tr><td></td><td></td><td></td><td></td><td></td><td></td><td></td><td></td><td></td><td></td><td></td><td></td><td></td><td></td><td></td></tr>
<tr><td>合计</td><td></td><td></td><td></td><td></td><td></td><td></td><td></td><td></td><td></td><td></td><td></td><td></td><td></td><td></td></tr>
<tr><td colspan="9" rowspan="2">运到期限（或约定）</td><td colspan="3" rowspan="2">托运人
（公章）
月　日</td><td colspan="3">总计</td></tr>
<tr><td colspan="3">核算员</td></tr>
<tr><td>物约事项</td><td colspan="8"></td><td colspan="3">承运日期起运港承运人章</td><td colspan="3">复核员</td></tr>
</table>

运单号码：________________

说明：

①此货物运单主要适用于江、海干线和跨省运输的水路货物运输。

②水路货物运单、货票一式六份，顺序如下：

第一份：货票（起运港存查联）。

第二份：货票（解缴联）起运港→航运企业。

第三份：货票（货运人收据联）起运港→托运人。

第四份：货票（船舶存查联）起运港→船舶。

第五份：货票（收货人存查联）起运港→船舶→到达港→收货人。

第六份：货物运单（提货凭证）起运港→船舶→到达港→收货人→到达港存。

③除另有规定者外，属于港航分管的水路运输企业，由航运企业自行与托运人签订货物运输合同的，均使用航运企业抬头的水路货物运单。

④货物运单联需用厚纸印刷，货票各联用薄纸印刷，印刷墨色应有区别：解缴联为红色，收据联为绿色，其他各联为黑色。

⑤要印控制号码或固定号码。

⑥到达港收费，另开收据。

⑦规格：货票长 19 cm，宽 27 cm。

2. 货物名称填写具体品名，名称过繁的，可以填写概括名称。

3. 规定按重量和体积择大计费的货物，应当填写货物的重量和体积（长、宽、高）。

4. 填写的各项内容应当准确、完整、清晰。

5. 承运人接收货物应当签发运单，运单由载货船舶的船长签发的，视为代表承运人签发。

6. 运单签发后，承运人、承运人的代理人、托运人、到达港港口经营人、收货人各留存一份，另外一份由收货人收到货物后作为收据签还给承运人。承运人可以视情况需要增加或者减少运单份数。

思考与练习

1. 什么是水路运输？

2. 水路运输有哪些特点？

3. 租船运输有哪些基本作业流程？

4. 班轮运输有哪些基本作业流程？

5. 水路货物运单填写的要求有哪些？

6. 2014 年 11 月 30 日，××××运输公司有一批沥青需从大连经过海上货物运输运至厦门，关于此批货物的托运信息见下表。

货物托运信息

客户	××××运输公司 大连市甘井子区××街××号 卢×　1349980××××
收货人	××××装潢公司 李×　1340834××××
装货地点	大连市甘井子货站
卸货地点	厦门海沧区钟林南路××号
货品信息	200 桶沥青、每桶货物价值 450 元，重量为 0.5 t，桶的直径为 0.8 m，桶高为 1 m
运杂费标准	基本运价为 40 元/t，燃油附加费按基本运费加收 5%

请根据以上信息填制水路货物运单。

第五章

航空运输实务

第一节　航空运输基础知识

航空运输在我国运输业中，其货运量占全国运输量比重还比较小，主要是承担长途客运任务，伴随着物流的快速发展，航空运输在货运方面将会扮演更加重要的角色。

一、航空运输的概念

航空运输又称飞机运输，它是在具有航空线路和飞机场的条件下，利用飞机作为运输工具进行货物运输的一种运输方式。如图 5—1—1 所示。

图 5—1—1　航空运输

二、航空运输的特点

1. 优点

（1）运送速度快。航空运输运送速度快，大大缩短了货物在途时间，对于易腐烂变质的鲜活商品、时效和季节性强的报刊商品以及抢险、急救品的运输，这一特点显得尤为突出。同时由于在途时间短，也使货物在途风险降低，因此许多贵重物品、精密仪器也往往采用航空货物运输的形式。

（2）不受地面条件影响，深入内陆地区。航空运输利用天空这一自然通道，不受地理条件的限制，对于地面条件恶劣、交通不便的内陆地区非常合适，有利于当地资源的出口，促进当地经济的发展。

（3）安全、准确。与其他运输方式相比，航空运输的安全性较高，风险率仅为三百万分之一。同时，航空公司的运输管理制度比较完善，货物的破损率较低，如果采用航空货运集装箱的方式运送货物，则更为安全。

（4）节约包装、保险、利息等费用。由于采用航空运输方式，货物在途时间短，周转速度快，企业存货可以相应地减少。一方面有利于资金的回收，减少利息支出，另一方面企业仓储费用也可以降低。又由于航空货物运输安全、准确，货损、货差少，保险费用较低，与其他运输方式相比，航空运输的包装简单，包装成本减少。这些都构成企业隐性成本的下降，收益的增加。

2. 缺点

（1）航空运输的运输费用较其他运输方式高，不适合运输低价值货物；

（2）航空运输运载工具——飞机的舱容有限，对大件货物或大批量货物的运输有一定的限制，飞行安全容易受恶劣气候影响。

三、航空运输的分类

航空运输方式主要有班机运输、包机运输、集中托运以及航空快递。

1. 班机运输

班机运输是指在固定的航线上定期航行的航班，即有固定始发站、目的站和途经站。班机的航线基本固定，定期开航，收、发货人可以确切地掌握起运和到达时间，保证货物安全迅速地运达目的地，对运送鲜活、易腐的货物以及贵重货物非常有利。不足之处是舱位有限，不能满足大批量货物及时出运的需要。

2. 包机运输

包机运输可分为整架包机和部分包机。

（1）整架包机。整架包机是指航空公司或包机代理公司按照合同中双方事先约定的条件和运价将整架飞机租给租机人，从一个或几个航空港装运货物至指定目的地的运输方式。

（2）部分包机。部分包机是指由几家航空货运代理公司或发货人联合包租一架飞机，或者是由包机公司把一架飞机的舱位分别卖给几家航空货运代理公司的货物运输方式。这种运输方式适合一吨以上但不足装一整架飞机的货物，运费较班机低，但运送时间则比班机要长。

3. 集中托运

集中托运是航空货运代理公司把若干批单独发运的、发往同一方向的货物集中起来，组成一票货，向航空公司办理托运，采用一份总运单集中发运到同一站，由航空货运代理公司在目的地指定的代理人收货、报关并分拨给各实际收货人的运输方式。这种托运方式，货主可以得到较低的运价，使用比较普遍，是航空货运代理的主要业务之一。

4. 航空快递

航空快递是由一个专门经营该项业务的公司和航空公司合作，通常为航空货运代理公司或航空速递公司派专人以最快的速度在货主、机场和用户之间运送和交接货物的快速运输方式。该项业务是两个空运代理公司之间通过航空公司进行的，是最快捷的一种运输方式。航空快递业务主要形式有门到门服务、门到机场服务、专人派送。门到门服务是最方便、最快捷，使用最普遍的方式；门到机场的服务，简化了发件人的手续，但需要收货人安排清关、提货手续；专人派送服务是一种特殊服务，费用较高，使用较少。

四、特种货物航空运输规定

1. 凡对人体、动植物有害的菌种、带菌培养基等微生物制品，非经民航总局特殊批准不得承运。

2. 凡经人工制造、提炼，进行无菌处理的疫苗、菌苗、抗菌素、血清等生物制品，如托运人提供无菌、无毒证明可按普货承运。

3. 微生物及有害生物制品的仓储、运输应远离食品。

4. 植物和植物产品运输须凭托运人所在地县级（含）以上的植物检疫部门出具的有效"植物检疫证书"。

5. 托运人要求急运的货物，经承运人同意，可以办理急件运输，并按规定收取急件运费。

6. 骨灰应装在封闭的塑料袋或其他密封容器内，外加木盒，最外层用布包装。

五、航空运输流程

航空货物运输的业务流程主要包括办理托运、安排货舱、装货与装机、签发运单、发出装运通知、货物卸载交接内容，基本流程如图 5—1—2 所示。

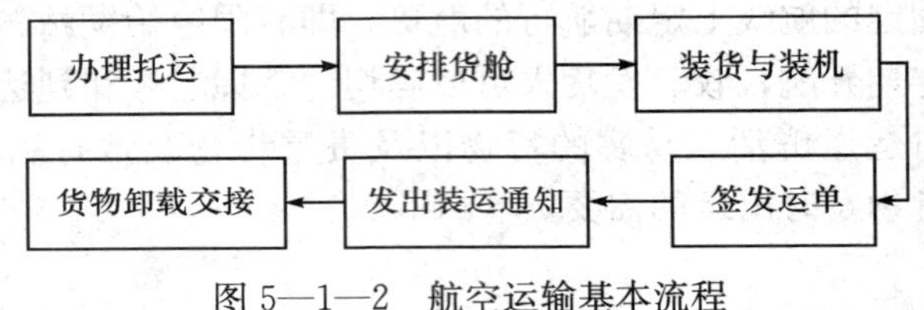

图 5—1—2　航空运输基本流程

1. 办理托运

货主备齐货物后，向航空公司提交填制完毕的航空货物运输托运书及相关单证，办理托运业务。

2. 安排货舱

航空公司收到托运单及有关单据后，根据配载原则、货物性质、货运数量、目的地等情况，结合航班，安排舱位。

3. 装货与装机

货主根据航班，从仓库提取货物送进机场，凭装货单据将货物送到指定舱位待运。

4. 签发运单

货物装机完毕，航空公司签发航空运单。

5. 发出装运通知

货物装机后，即可向买方发出装运通知，以便对方准备付款、赎单、办理收货手续业务。

6. 货物卸载交接

货物到达目的地后，买方凭航空公司签发的提货通知单及其他相关单据提货。

第二节 航空运输业务流程

航空运输业务主要包括航空货物运输出口业务、航空货物运输进口业务、进出境快件业务等。

一、航空货物运输出口的业务流程

1. 委托运输

由托运人自己填写货物托运书。托运书应包括下列内容栏：托运人、收货人、始发站机场、目的地机场、要求的路线/申请订舱、供运输用的声明价值、供海关用的声明价值、保险金额、处理事项、货运单所附文件、实际毛重、运价类别、计费重量、费率、货物的品名及数量、托运人签字、日期等。

2. 审核单证

单证应包括：发票、装箱单、托运书、报送单项式、外汇核销单、许可证、商检证、进料/来料加工核销本、索赔/返修协议、到会保函、关封。

3. 预配舱

代理人汇总所接受的委托和客户的预报，并输入计算机，计算出各航线的件数、重量、体积，按照客户的要求和货物重、包情况，根据各航空公司不同机型对不同板箱的重量和高度要求，制定预配舱方案，并对每票货配上运单号。

4. 预订舱

代理人根据所指定的预配舱方案，按航班、日期打印出总运单号、件数、重量、体积，向航空公司预订舱。

5. 接受单证

接受托运人或其代理人送交的已经审核确认的托运书及报送单证和收货凭证。将收货记录与收货凭证核对，制作操作交接单，填上所收到的各种报关单证份数，给每份交接单配一份总运单或分运单。将制作好的交接单、配好的总运单或分运单、报关单证移交制单。

6. 填制货运单

航空货运单包括总运单和分运单，填制航空货运单的主要依据是发货提供的国际货物委托书，委托书上的各项内容都应体现在货运单项式上，一般用英文填写。

7. 接收货物

接收货物，是指航空货运代理公司把即将发运的货物从发货人手中接过来并运送到自己的仓库。接收货物一般与接单同时进行。对于通过空运或铁路从内地运往出境地的出口货物，货运代理按照发货提供的运单号、航班号及接货地点日期，代其提取货物。如货物已在始发地办理了出口海关手续，发货人应同时提供始发地海关的关封。

接货时应对货物进行过磅和丈量，并根据发票、装箱或送货单清点货物，核对货物的数量、品名、合同号或唛头等是否与货运单上所列一致。

8. 标记和标签

（1）标记。标记包括托运人、收货人的姓名、地址、联系电话、传真、合同号等；操作

（运输）注意事项；单件超过 150 kg 的货物。

（2）标签。航空公司标签上前 3 位阿拉伯数字代表所承运航空公司的代号，后 8 位阿拉伯数字是总运单号码。分标签是代理公司对出具分标签的标识，分标签上应有分运单号码和货物到达城市或机场的三字代码。一件货物贴一张航空公司标签，有分运单的货物，再贴一张分标签。

9. 配舱

核对货物的实际件数、重量、体积与托运书上预报数量的差别。对预订舱位、板箱的有效利用、合理搭配，按照各航班机型、板箱型号、高度、数量进行配载。

10. 订舱

接到发货人的发货预报后，向航空公司吨控部门领取并填写订舱单，同时提供相应的信息；货物的名称、体积、重量、件数、目的地；要求出运的时间等。航空公司根据实际情况安排舱位和航班。货运代理订舱时，可依照发货人的要求选择最佳的航线和承运人，同时为发货人争取最低、最合理的运价。订舱后，航空公司签发舱位确认书（舱单），同时给予装货集装器领取凭证，以表示舱位订妥。

11. 出口报关

首先将发货人提供的出口货物报关单的各项内容输入计算机，即计算机预录入。在通过计算机填制的报关单上加盖报关单位的报关专用章；然后将报关单与有关的发票、装箱单和货运单综合在一起，并根据需要随附有关的证明文件；以上报关单证齐全后，由持有报关证的报关员正式向海关申报；海关审核无误后，海关官员即在用于发运的运单正本上加盖放行章，同时在出口收汇核销单和出口报关单上加盖放行章，在发货人用于产品退税的单证上加盖验讫章，粘上防伪标志；完成出口报关手续。

12. 出仓单

配舱方案制定后就可着手编制出仓单：出仓单的日期、承运航班的日期、装载板箱形式及数量、货物进仓顺序编号、总运单号、件数、重量、体积、目的地三字代码和备注。

13. 提板箱

向航空公司申领板、箱并办理相应的手续。提板、箱时，应领取相应的塑料薄膜和网。对所使用的板、箱要登记、销号。

14. 货物装箱装板

注意事项：不要用错集装箱、集装板，不要用错板型、箱型；不要超装箱板尺寸；要垫衬，封盖好塑料纸，防潮、防雨淋；集装箱、板内货物尽可能配装整齐，结构稳定，并接紧网索，防止运输途中倒塌；对于大宗货物、集中托运货物，尽可能将整票货物装一个或几个板、箱内运输。

15. 签单

货运单在盖好海关放行章后还需要到航空公司签单，只有签单确认后才允许将单、货交给航空公司。

16. 交接发运

交接是向航空公司交单交货，由航空公司安排航空运输。

交单就是将随机单据和应有承运人留存的单据交给航空公司。随机单据包括第二联航空运单正本、发票、装箱单、产地证明、品质鉴定证书。

交货即把与单据相符的货物交给航空公司。交货前必须粘贴或拴挂货物标签，清点和核对货物，填制货物交接清单。大宗货、集中托运货，以整板、整箱称重交接。零散小货按票称重，计年交接。

17. 航班跟踪

需要联程中转的货物，在货物运出后，要求航空公司提供二程、三程航班中转信息，确认中转情况。及时将上述信息反馈给客户，以便遇到有不正常情况及时处理。

18. 信息服务

从多个方面做好信息服务：订舱信息、审单及报关信息、仓库收货信息、交运称重信息、一程二程航班信息、单证信息。

19. 费用结算

发货人结算费用：在运费预付的情况下，收取航空运费、地面运输费、各种服务费和手续费。

承运人结算费用：向承运人支付航空运费及代理费，同时收取代理佣金。

二、航空货物运输进口的业务流程

1. 代理预报

在国外发货前，由国外代理公司将运单、航班、件数、重量、品名、实际收货人及其他地址、联系电话等内容发给目的地代理公司。

2. 交接单、货

航空货物入境时，与货物相关的单据也随机到达，运输工具及货物处于海关监管之下。货物卸下后，将货物存入航空公司或机场的监管仓库，进行进口货物舱单录入，将舱单上总运单号、收货人、始发站、目的站、件数、重量、货物品名、航班号等信息通过计算机传输给海关留存，供报关用。同时根据运单上的收货人地址寄发取单、提货通知。交接时做到单、单核对，即交接清单与总运单核对；单、货核对，即交接清单与货物核对。

3. 理货与仓储

（1）理货。逐一核对每票件数，再次检查货物破损情况，确有接货时未发现的问题，可向民航提出交涉；按大货、小货、重货、轻货、单票货、混载货、危险品、贵重品、冷冻品、冷藏品分别堆存、进仓；登记每票货储存区号，并输入计算机。

（2）仓储。注意防雨、防潮；防重压；防变形；防温长变质；防暴晒；独立设危险品仓库。

4. 理单与到货通知

（1）理单。集中托运，总运单项下拆单；分类理单、编号；编制种类单证。

（2）到货通知。尽早、尽快、尽妥地通知货主到货情况。

（3）正本运单处理。用计算机打印海关监管进口货物入仓清单一式五份，用于商检、卫检、动检各一份，海关两份。

5. 制单、报关

制单、报关、运输的形式主要有：货代公司代办制单、报关、运输；货主自行办理制单、报关、运输；货代公司代办制单、报关，货主自办运输；货主自行办理制单、报关后，委托货代公司运输；货主自办制单，委托货代公司报关和办理运输。

（1）进口制单。长期协作的货主单位，有进口批文、证明手册等放于货代处的，货物到达，发出到货通知后，即可制单、报关，通知货主运输或代办运输；部分进口货，因货主单位缺少有关批文、证明，也可将运单及随机寄来单证、提货单以快递形式寄货主单位，由其备齐有关批文、证明后再决定制单、报关事宜；无须批文和证明的，可进行制单、报关，通知货主提货或代办运输；部分货主要求异地清关时，在符合海关规定的情况下，制作转关运输申报单办理转关手续，报送单上需由报关人填报的项目有：进口口岸、收货单位、经营单位、合同号、批准机关及文号、外汇来源、进口日期、提单或运单号、运杂费、件数、毛重、海关统计商品编号、货品规格及货号、数量、成交价格、价格条件、货币名称、申报单位、申报日期等，转关运输申报单、内容少于报关单，也需按要求详细填列。

（2）进口报关。报关期限与滞报金：进口货物报关期限为：自运输工具进境之日起的14日内，超过这一期限报关的，由海关征收滞报金；征收标准为货物到岸价格的万分之五。开验工作的实施：客户自行报关的货物，一般由货主到货代监管仓库借出货物，由代理公司派人陪同货主一并协助海关开验。客户委托代理公司报关的，代理公司通知货主，由其派人前来或书面委托代办开验。开验后，代理公司须将已开验的货物封存，运回监管仓库储存。

6. 发货、收费

（1）发货。办完报关、报检等手续后，货主须凭盖有海关放行章、动植物报验章、卫生检疫报验章的进口提货单到所属监管仓库付费提货。

（2）收费。货代公司仓库在发放货物前，一般先将费用收妥。收费内容有：到付运费及垫付佣金；单证、报关费；仓储费；装卸、铲车费；航空公司到港仓储费；海关预录入、动植检，卫检报验等代收代付费；关税及垫付佣金。

7. 送货与转运

（1）送货上门业务：主要指进口清关后货物直接运送至货主单位，运输工具一般为汽车。

（2）转运业务：主要指将进口清关后货物转运至内地的货运代理公司，运输方式主要为飞机、汽车、火车、水运、邮政。

（3）进口货物转关及监管运输：是指货物入境后不在进境地海关办理进口报关手续，而运往另一设关地点办理进口海关手续，在办理进口报关手续前，货物一直处于海关监管之下，转关运输也称监管运输，意谓此运输过程置于海关监管之中。

三、进出境快件业务流程

1. 快件分类

根据《中华人民共和国海关进出境快件监管办法》（以下简称《快件监管办法》）确定的分类标准，进出口快件分为以下四类：A类快件：文件类快件；B类快件：现行法规规定予以免税的快件；C类快件：超过现行法规规定的免税范围，但不超过人民币5 000元的应税物品（禁止、限制进出口的物品除外）；D类快件：上述三类以外的快件。

2. 快件申报

快件EDI（电子数据交换）客户接收境外公司以EDI方式传输的电子数据，经转换程序转换为海关计算机可以处理的数据后，传输至海关计算机系统，构成向海关申报的数据；快件非 EDI 客户由预录入公司以终端方式录入数据，传输至海关计算机系统，构成向海关申报的数据。

每一份总运单项下的快件数据构成一份快件 EDI 报文，文件类快件与非文件类快件不得在同一个总运单项下申报。各快件公司以 EDI 方式、终端预录入方式向海关传输的报关电子数据具有法律效力。

3. 快件审核

海关收到快件公司传输的电子数据后，系统对快件报关数据自动进行审核，根据快件基本分类标准进行逻辑判断，确定每一票分运单放行或报关，写出验放代码。

快件审单关员采用人工干预的方式对快件报关数据进行审核，根据快件监管办法规定的快件验放标准，通过审核快件品名、价值、收件人、重量确定审核结果。改写验放代码（快件审核结果及验放代码为：R 放行，C 查验，D 报关）。

海关审核完快件报关数据后将审核结果存盘，反馈给各快件公司，快件 EDI 客户根据审核结果自行打印各种通知单。快件非 EDI 客户根据审核结果由预录入公司或海关打印各种通知单（快件 EDI 放行通知单、快件 EDI 查验通知单和快件 EDI 报关通知单）。各快件公司根据海关的审核结果，填制报关单。办理快件的查验、放行及 C 类、D 类快件的报关手续。

4. C 类快件的报关手续

根据《快件监管办法》规定的分类标准及报关方式，价值人民币 5 000 元以下（国家行政法规禁止、限制进出口的货物、物品除外）的快件物品为 C 类快件，填写 KJ3 报关单向海关申报。

快件公司持填写好的报关单，随附发票、分运单、总运单、EDI 报关通知单等在快件审核环节办理申报、计税手续。

快件审核岗位的关员审核有关单据，确认单单相符、归类、计税正确后，核销舱单。报关单按要求批注、签字、加盖验讫章。一份报关单转审单环节留存，用于每周汇总计税；一份转查验环节办理查验、放行手续；另一份退快件公司留存。

报关单汇总计税联每日按公司分别计算关税、增值税、消费税金额。次日晨与各公司核对税费情况后留存。每周一汇总各快件公司上一周 C 类快件税款金额，打印税款缴款书。税款缴款书加盖单证章后交快件公司交款。快件公司交纳税款后，留存一份加盖银行收款章的税单，然后核销税单。

5. 快件查验放行

（1）A 类快件的查验放行。快件公司持填写好的报关单，随附 EDI 放行通知单、EDI 查验通知单、总运单到海关办理放行手续。海关审核有关单据后，对快件进行机检查验或开箱查验。核查无误后，在 EDI 放行通知单上加盖放行章，EDI 放行通知单与分运单上加盖骑缝章，货物放行。

（2）B 类快件查验放行。快件公司持填写好的报关单，随附 EDI 放行通知单，EDI 查验通知单、总运单、分运单、发票到海关办理放行手续。海关审核有关单据后，对快件进行机检查验或开箱查验。核查无误后，在分运单上加盖放行章放行货物。

(3) C类快件查验放行。快件公司持填写好的报关单，随附EDI放行通知单，EDI查验通知单、总运单、分运单、发票到海关办理放行手续。海关审核有关单据后，对快件进行机检查验或开箱查验。核查无误后，在分运单上加盖放行章放行货物。

(4) D类快件的查验放行。与普通进出口货物相似，在此不再介绍。

(5) 货管处对信箱报关单位的承诺。每日上午8：30以前放入信箱的报关单，11：30前审核完毕。每日下午13：00以前放入信箱的报关单，15：30前审核完毕。如遇报关单数量较大时，将加班审核，直到审核完毕。空港和北京友合报关数据中心的预录入，将提供24小时服务。如遇有压单或不合理退单，可直接向现场科长反映；如认为现场科长处理不妥，或在通关中有其他问题，可直接举报、投诉。

第三节　航空运单的填制和使用

航空运单是航空运输中最重要的单据，它是由承运人或其代理人签发的一份运输合同，但它不具有物权凭证的性质，既不能转证，也不能凭此提取货物，收货人提货须凭航空公司发出的提货通知单。

一、航空运单的性质和作用

航空运单的性质和作用主要有：

1. 承运合同

航空运单一旦签发，便成为签署承运合同的书面证据，因此该合同必须由发货人或其代理与承运人或其代理签署后方能生效。

2. 接收货物的证明

当发货人将其货物发运后，承运人或其代理将一份航空运单正本交给发货人，作为已接收其货物的证明。

3. 运费账单

航空运单上分别记载着属于收货人与发货人应负担的费用和属于代理的费用，因此，航空公司将第二联正本运单留存作为运费账单和发票。同时，货运代理之间的费用结算也以航空运单作为凭证。

4. 报关单据

当航空货物运达目的地后，应向当地海关报关。在报关所需各种单证中，航空运单通常是海关放行查验时的主要凭证。

5. 保险证书

若承运人承办保险或者发货人要求承运人代办保险，则航空运单即可作为保险证书。

6. 承运人内部业务交接的依据

承运人必须根据运单上记载的有关内容办理货物的发货、转运、交付等各项事宜。

每份航空运单有三份正本和至少六份以上副本。正本背面印有承运条款，其中第一份交发货人，第二份由承运人留存作为记账凭证，第三份随货同行，到目的地后交给收货人作为核收货物的依据。

在发货人或其代理和承运人或其代理履行签署手续并注明日期后，运单即开始生效。只要运单上没有注明日期和签字盖章，承运人就可不承担对货物的任何责任，货物也不受承运合同的约束。当货物一旦交给运单上所记载的收货人后，运单作为承运合同即宣布终止。也即承运人完成了货物的全程运输责任。

二、航空运单的分类

1. 航空主运单

航空主运单是承运人办理该运单项下货物的发运和交付的依据，是承运人与托运人之间订立的运输契约。凡第一批由航空运输公司发运的货物都须具备主运单，通常它有三份正本和至少六份以上的副本。

2. 航空分运单

航空分运单是由航空货运代理人在办理集中托运业务时签发给每一发货人的运单。航空主运单与航空分运单的关系，如图 5—3—1 所示。

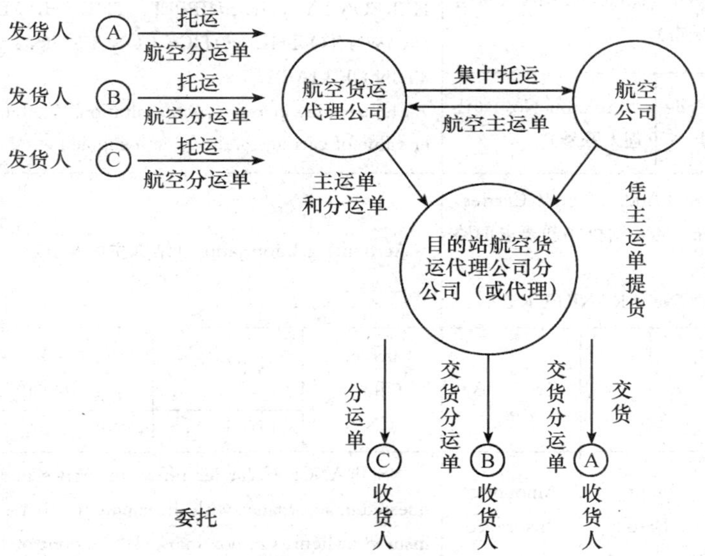

图 5—3—1 航空主运单与航空分运单的关系图

从图 5—3—1 中可以看出，航空主运单的运输合同的当事人的双方，一方是航空公司（实际承运人），而另一方是航空货运代理公司（作为托运人）。而航空分运单的运输合同的当事人双方，一方是航空货运代理公司，另一方是发货人（A、B、C）。货物的接收一般是货物到达目的站后，由航空货运代理公司在该地的分公司或其代理人凭主运单向当地航空公司提取货物，然后按分运单分别拨交各收货人。

三、航空运单的填制

1. 航空运单范例

航空运单（见表 5—3—1）与海运提单类似，也有正面、背面条款之分，不同的航空公司也会有自己独特的航空运单格式。所不同的是，航运公司的海运提单可能千差万别，但各航空公司所使用的航空运单则大多借鉴 IATA 所推荐的标准格式，差别并不大。

表 5—3—1　　　　　　　　　　　　　**航空运单**

	House Air Waybill（航空运单号）	781－1234 5675

Shipper's name and address（收货人姓名和地址） EXPORTANT LTD. ABC TRADING ESTATE SHANGHAI CHINA	NOT NEGOTIABLE（不可转让） Air Waybill　中国国际航空公司 Issued by（签发）　AIR CHINA
Consignee's name and address（托运人姓名和地址） CDE IMPORTER LTD. 7000 SONDERBORG COPENHAGEN DEMARK	It is agreed that the goods described herein are accepted in apparent good order and condition (except as noted) for carriage SUBJECT TO THE CONDITIO－NS OF CONTRACT ON THE REVERSE HEREOF, ALL GOODS MAY BE CARRIDE BY ANY OTHER MEANS. INCLUDING ROAD OR ANY OTHER CARRIER UNLESS SPECIFIC CONTRARY INSTRUCTIONS ARE GIVEN HEREON BY THE SHIPPER. THE SHIPPER'S ATTENTION IS DRAWN TO THE NOTICE CONCERNING CARRIER'S LIMITATION OF LIABILITY. Shipper may increase such limitation of liability by declaring a higher value of carriage and paying a supplemental charge if required.
Issuing Carrier's Agent Name and City（承运人代理的名称和所在城市）	
Agents IATA Code（代理人的 IATA 代号）／Account No.（代理人账号）	
Airport of Departure（Add. of First Carrier）and Requested Routing（始发站机场和要求的路线） SHANG HAI PU DONG FRANKFURT	Accounting Information（结算注意事项）

To CPH	By first carrier	To	By	To	By	Currency（币种）CNY	WT/VAL PP	WT/VAL CC	Declared Value for Carriage	Declared Value for Customs

Airport of Destination	Flight/Date	Amount of Insurance	NSURANCE-If carrier offers insurance and such insurance is requested in accordance with the conditions thereof indicate amount to be insured in figures in box marked "Amount of Insurance"

Handling Information（处理事项）
KEEP DRY
ALSO NOTIFY：SAME AS ABOVE

No. of Pieces（件数）	Gross Weight（毛重）	kg/lb（毛重的计量单位）	Rate Class（运价种类）	Chargeable Weight（计费重量）	Rate/Charge（费率）	Total（航空运费）	Nature and Quantity of Goods 货物品名及数量（包括尺寸或体积）
400 PC	478 kg			478	56.46	2 052.86	RAG DOLLS 400×7×25×40

Prepaid（预付）	Weight charge（航空运费）	Collect（到付）	Other Charges（其他费用）
20 252.86			

续表

<table>
<tr><td colspan="2">Valuation Charge（未声明价值附加费）</td><td colspan="2" rowspan="2"></td></tr>
<tr><td colspan="2">Tax（税）</td></tr>
<tr><td colspan="2">Total Other Charges Due Agent（交代理人的其他费用总额）</td><td colspan="2" rowspan="3">Shipper certifies that the particulars on the face here of are correct and that insofar as any part of the consignment contains dangerous goods，such part is properly described by name and is in proper condition for carriage by air according to the applicable Dangerous Goods Regulations.
SAMPLE AGENT
Signature of Shipper or his agent（托运人或其代理人签字、盖章）</td></tr>
<tr><td colspan="2">Total Other Charges Due Carrier（交承运人的其他费用总额）</td></tr>
<tr><td colspan="2"></td></tr>
<tr><td>Total Prepaid（全部预付货物费用的总额）</td><td colspan="2">Total Collect（全部到预付货物费用的总额）</td><td rowspan="2">Executed on ____ at ____ Signature of issuing Carrier or as Agent
（填开日期）
21NOV，2010 SHANG HAI PU DONG SAMPLE AGENT</td></tr>
<tr><td>Currency Conversion Rates（汇率）</td><td colspan="2">CC Charges in des. Currency（到付货物运费）</td></tr>
<tr><td>For Carrier's Use Only at Destination（仅限在目的站由承运人填写）</td><td colspan="2">Charges at Destination（目的站其他费用额）</td><td>Total Collect Charges（合计金额）</td></tr>
</table>

2. 航空运单填制

（1）托运人名称和地址（Shipper's Name and Address）

托运人名称和地址：详细填写托运人全名，地址应详细填明国家、城市、门牌号码及电话号码。

（2）托运人账号（Shipper's Account Number）

托运人账号：有必要时填写。

（3）收货人名称和地址（Consignee's Name and Address）

详细填写收货人全名，地址应详细填明国家、城市、门牌号码及电话号码。此栏不得出现“To Order”字样。

（4）收货人账号（Consignee's Account Number）

收货人账号：有必要时填写。

（5）始发站、第一承运人地址及所要求的线路［Airport of Departure（Address of First Carrier）and Requested Routing］

始发站、第一承运人地址及所要求的线路：填写始发站城市的英文全称。

（6）路线和目的站（Routing and Destination）

路线和目的站：由民航填写经由的航空路线。

（7）货币（Currency）

货币：填写运单上所用货币代码。

（8）运费/声明价值费、其他费用（WT/VAL，Other）

运费/声明价值费、其他费用：选择预付费用或到付费用，并在选择付费方式栏内记

“×”号。

(9) 托运人向承运人声明的货物价值 (Declared Value for Carriage)

托运人向承运人声明的货物价值：填写托运人在运输货物时声明货物的价值总数。如托运人不需办理声明价值，则填写“NVD”(No Value Declared)。

(10) 托运人向目的站海关声明的货物价值 (Declared Value for Customs)

托运人向目的站海关声明的货物价值：填写托运人向海关申报的货物价值。托运人未声明价值时，必须填写“NCV”(No Customs Valuation)。

(11) 目的站 (Airport of Destination)

目的站：填写目的站城市的英文全称，必要时注明机场和国家名称。

(12) 航班/日期 (Requested Flight/Date)

航班/日期：填写已订妥的航班日期。

(13) 保险金额 (Amount of Insurance)

保险金额：托运人委托航空公司代办保险时填写。

(14) 处理情况 (Handling Information)

处理情况：本栏填写以下内容：货物上的唛头标记、号码和包装等；通知人的名称、地址、电话号码；货物在途中需要注意的特殊事项；其他需要说明的特殊事项；运往美国商品的规定。

(15) 件数 (No. of Pieces/RCP)

件数：如各种货物运价不同时，要分别填写，总件数另行填写。

(16) 毛重 (Gross weight)

毛重：重量单位 (kg/lb) 为“kg (千克)”，分别填写时，另行填写总重量。

(17) 运价类别 (Rate Class)

运价类别：用M、N、Q、C、R或S分别代表起码运费、45千克以下普通货物运价、45千克以上普通货物运价、指定商品运价、附减运价 (低于45千克以下普通货物运价的等级运价)、附加运价 (高于45千克以下普通货物运价的等级运价)。

(18) 品名编号 (Commodity Item Number)

品名编号：指定商品运价则填写其商品编号：按45千克以下普通货物运价的百分比收费的，则分别填写具体比例。

(19) 货物品名及体积 (Nature and Quantity of Goods)

货物品名及体积：货物体积按长、宽、高的顺序以cm (厘米) 为单位填写最大的长、宽、高度。

(20) 托运人或其代理人签字 (Signature of Shipper or his Agent)

托运人或其代理人签字：表示托运人同意承运人的装运条款。

(21) 运单签发日期 [Executed on (Date)]

运单签发日期：日期应为飞行日期，如货运单在飞行日期前签发，则应以飞行日期为货物装运期。

(22) 承运人或其代理人签字 (Signature of Issuing Carrier or its Agent)

承运人或其代理人签字：有承运人或其代理人签字，航空货运单才能生效。

思考与练习

1. 什么是航空运输?

2. 航空运输有哪些基本作业流程?

3. 航空运输的运营方式有哪些?

4. 航空货物运单填写的要求有哪些?

5. 2014 年 11 月 5 日上午，客户上海风腾电机有限公司有一四单精密仪器需要从上海空运至四川，关于此批货物的托运信息见下表。

货物托运信息

客户	上海××××有限公司 黎××　1368879××××
收货人	四川××××集团 边××　1390087××××
装货地点	上海市嘉定区××街××号
卸货地点	四川省成都市高新区
货品信息	精密仪器，重量分别为 10 kg、30 kg、35 kg、45 kg
运杂费标准	精密仪器包装木箱加固，计费 700 元。投保运输险，货物价值 30 万元

请根据以上信息填制航空货运单。

第六章

集装箱运输

第一节　集装箱运输基础知识

集装箱运输是指以集装箱这种大型容器为载体，将货物集合组装成集装单元，以便在现代物流领域内运用大型装卸机械和大型载运车辆进行装卸、搬运作业和完成运输任务，从而更好地实现货物“门到门”运输的一种新型、高效率和高效益的运输方式。

一、集装箱运输的特点

1. 提高装载效率

集装箱运输（见图6—1—1）能提高装载效率，减轻劳动强度。集装箱运输主要是将单件杂货集中成组装入箱内，可以减少重复操作，从而大大提高车船装载效率。其每一环节的装载时间一般仅需3 min，每小时装卸货物可达400 t，这是普通货船装卸效率的10倍。

图6—1—1　集装箱运输

例如，在我国港口普通码头上装卸件杂货船舶，其装卸效率一般为35 t/h，并且需要配备装卸工人约17人，而在国外的集装箱专用码头上装卸集装箱，其效率可达50 TEU/h，按每箱载货10 t计，生产效率已达400 t/h～500 t/h，而配备工人数至多只有4名，工效提高了几十倍。

2. 防止货损货差

集装箱能很好地避免货物倒载，防止货损货差。采用件杂货运输方式时，由于在运输和保管过程中货物不易保护，尽管也采取了一些措施，但货损货差情况仍较严重，特别是在运输环节多、品种复杂的情况下，货物的中途转运搬动，使商品破损以及被盗事件屡屡发生，尤其是零担百货商品发生的事故更多。例如据铁路部门统计，零担货损事故约占整个货损事故的80%。采用集装箱运输方式后，由于集装箱本身实际上起到了一个强度很大的外包装作用，因此，即使经过长途运载或多次换装，也不易损坏箱内的货物。

3. 加快车船周转

集装箱化给港口和场站的货物装卸、堆码的全机械化和自动化创造了条件。标准化的货物单元使装卸搬运运作变得简单和有规律，因此，在作业过程中能充分发挥装卸搬运机械设备的能力，便于实现自动控制的作业过程。机械化和自动化可以大大缩短车船在港站停留时间，加快货物的送达速度。另一方面，由于集装箱运输方式减少了运输中转环节和收发货的交接方式，方便了货主，提高了运输服务质量，加快货物周转运送。在海运方面，一般实行集装箱化以后，到货期限可缩短50%。在铁路方面，据德国资料统计，推行集装箱化后，货车的周转时间从原来的84 h，降到44 h。

4. 节省包装及检验手续

集装箱箱体作为一种能反复使用的包装物，虽然一次性投资较高，但与一次性的包装方式相比，其单位货物运输分摊的包装费用投资反而降低。同时，由于集装箱是一种坚固、特殊的运载工具，从而节省了大量商品包装费用。例如，日本用集装箱运输药品、电缆、合成树脂、家具等，可节约80%的包装费用。此外，使用集装箱以前，在卸货时必须按货物外包装上的标志加以分类，逐件检查，而使用集装箱以后，可按箱进行检查，大大加快了检查速度，降低了验收费用。

5. 减少运营费用

由于采用统一的货物单元，使换装环节设施的效能大大提高，从而降低了装卸成本。同时，采用集装箱方式，货物运输的安全性明显提高，使保险费用有所下降。由此，使用集装箱能有效地降低运输成本，例如英国在大西洋航线推行集装箱运输后，运输成本降到普通货船运输成本的1/9。铁路运输实行集装箱化后，据西欧一些国家统计，运费要降低40%左右，美国使用集装箱运输后，运费则为普通列车的60%。

6. 有利于组织综合运输

由于各种运输工具各自独立地发展，装载容积无统一考虑的依据，因此，传统的运输方式给货物的换装带来了困难。随着集装箱作为一种标准运输单元的出现，使各种运输工具的运载尺寸向统一的满足集装箱运输需要的方向发展，任何一种运输方式如果对于这种趋势熟视无睹的话，它将很难融入大的运输系统中去。因此，根据标准化的集装箱设计的各种运输工具将使运输工具之间的换装衔接变得更加便利。

二、集装箱的概念和标准

1. 集装箱的概念

集装箱是一种运输设备，定义如下：

（1）具有足够的强度，可长期反复使用；

(2) 适于一种或多种运输方式的运送，途中转运时箱内货物不需换装；

(3) 具有快速装卸和搬运的装置，特别便于从一种运输方式转移到另一种运输方式；

(4) 便于货物装满和卸空；

(5) 具有 1 m³ 及 1 m³ 以上的容积。

2. 集装箱的标准

为了有效地开展国际集装箱多式联运，必须使用标准的集装箱。集装箱标准按使用范围分，有国际标准、国家标准、地区标准和公司标准四种。

(1) 国际标准集装箱。国际标准集装箱是指根据国际标准化组织第 104 技术委员会制定的国际标准来建造和使用的国际通用的标准集装箱。目前，国际标准集装箱共有 13 种规格，其宽度均一样（2 438 mm）、长度有四种（12 192 mm、9 125 mm、6 058 mm、2 991 mm）、高度有四种（2 896 mm、2 591 mm、2 438 mm、2 438 mm）。国际标准集装箱现行箱型系列，见表 6—1—1。

表 6—1—1　**国际标准集装箱现行箱型系列**

型号	高度（H）mm		宽度（W）mm		长度（L）mm		额定重量（最大重量）kg
	尺寸	极限偏差	尺寸	极限偏差	尺寸	极限偏差	
1AA	2 591	0，−5	2 438	0，−5	12 192	0，−10	30 480
1A	2 438	0，−5	2 438	0，−5	12 192	0，−10	30 480
1AX	2 438		2 438	0，−5	12 192	0，−10	30 480
1CC	2 591	0，−5	2 438	0，−5	6 058	0，−6	20 320
1C	2 438	0，−5	2 438	0，−5	6 058	0，−6	20 320
1CX	2 438		2 438	0，−5	6 058	0，−6	20 320
10D	2 438	0，−5	2 438	0，−5	4 012	0，−5	10 000
5D	2 438	0，−5	2 438	0，−5	1 968	0，−5	5 000

国际标准集装箱长度关系，如图 6—1—2 所示。

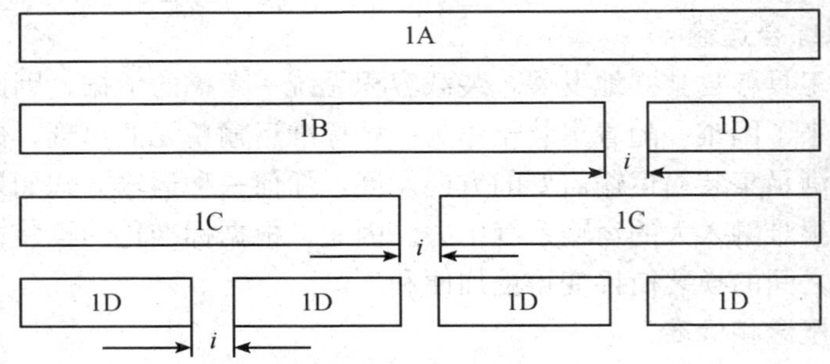

图 6—1—2　国际标准集装箱长度关系

其中，1A 型 40 ft（12 192 mm）；1B 型 30 ft（9 125 mm）；1C 型 20 ft（6 058 mm）；1D 型 10 ft（2 991 mm）；间距 i 为 3 min（76 mm）；1A＝1B＋i＋1D＝9 125＋76＋2 991＝12 192 mm；1B＝1D＋i＋1D＋i＋1D＝3×2 991＋2×76＝9 125 mm；1C＝1D＋i＋1D＝2×2 991＋76＝6 058 mm。

（2）国家标准集装箱。各国政府参照国际标准并考虑本国的具体情况，而制定本国的集装箱标准。我国现行国家标准《积装箱分类、尺寸和额定质量》（GB 1413—2008）规定了集装箱各种型号的外部尺寸、极限偏差及额定重量。

（3）地区标准集装箱。此类集装箱标准，是由地区组织根据该地区的特殊情况制定的，此类集装箱仅适用于该地区。如根据欧洲国际铁路联盟（VIC）所制定的集装箱标准而建造的集装箱。

（4）公司标准集装箱。某些大型集装箱船公司，根据本公司的具体情况和条件而制定的集装箱船公司标准，这类集装箱主要在该公司运输范围内使用。目前世界还有不少非标准集装箱。如，非标准长度集装箱有美国海陆公司的 35 ft 集装箱、总统轮船公司的 45 ft 及 48 ft 集装箱；非标准高度集装箱，主要有 9 ft 和 9.5 ft 两种高度集装箱；非标准宽度集装箱有 8.2 ft 宽度集装箱等。由于经济效益的驱动，目前世界上 20 ft 集装箱总重达 24 ft 的越来越多，而且普遍受到欢迎。

三、集装箱的种类（见图 6—1—3）

1. 按使用材料分类

集装箱可分成三种：

（1）铝合金集装箱，优点是重量轻，外表美观，防腐蚀，弹性好，加工方便以及加工费、修理费低，使用年限长；缺点是造价高，焊接性能差。

（2）钢制集装箱，优点是强度大，结构牢，焊接性高，水密性好，价格低廉；缺点是重量大、防腐性差。

（3）玻璃钢制集装箱，优点是强度大，刚性好，内容积大，隔热、防腐、耐化学性好，易清扫，修理简便；缺点是重量大，易老化，拧螺栓处强度降低。

2. 按结构分类

集装箱可分为三类：

（1）内柱式与外柱式集装箱，主要指铝合金集装箱，内柱式集装箱是指侧柱（或端柱）位于倒壁或端壁之内；外柱式集装箱是指侧柱（或端柱）位于倒壁或端壁之外；

（2）折叠式集装箱，指集装箱的主要部件（侧壁、端壁和箱顶）能简单地折叠或分解，再次使用时可以方便地再组合起来；

（3）薄壳式集装箱，是把所有部件组成一个钢体，它的优点是重量轻，可以适应所发生的扭力而不会引起永久变形。

3. 按使用目的分类

集装箱可分为：杂货集装箱、冷藏集装箱、散货集装箱、开顶集装箱、框架集装箱、罐装集装箱，以及一些特种专用集装箱，如汽车集装箱、牧畜集装箱、兽皮集装箱、平台集装箱等。

杂货箱

框架式集装箱

罐式集装箱

冷藏集装箱

服装集装箱

汽车集装箱

图 6—1—3　常用集装箱类型

四、集装箱的标志及识别

1. 集装箱的标志

为了便于对集装箱在流通和使用中的识别和管理，便于单据编制和信息传输，所以国际标准化组织制定了集装箱标记，此标准即《集装箱代码、识别和标记》(ISO 6346—1995)。国际标准化组织规定的标记有必备标记和自选标记两类，每一类标记中又分识别标记和作业标记。具体来说，集装箱上有箱主代号；箱号或顺序号、核对号；集装箱尺寸及类型代号。

(1) 识别标记。它包括箱主代号、设备识别代号、顺序号和核对数字。

1) 箱主代号。即集装箱所有人代号，它用三个大写拉丁字母表示。为防止箱主代号出现重复，所有箱主在使用代号之前应向国际集装箱局 (BIC) 登记注册。目前国际集装箱局已在 16 个国家和地区设有注册机构。我国北京设有注册机构。国际集装箱局每隔半年公布一次在册的箱主代号一览表。

2）设备识别代号，分别为“U”“J”和“Z”三个字母。“U”表示集装箱，“J”表示集装箱所配置的挂装设备，“Z”表示集装箱专用车和底盘车。箱主代号和设备识别代号一般四个字母连续排列，如 ABCU，其为箱主代号为 ABC，设备识别代号为 U。

3）顺序号，又称箱号，由 6 位阿拉伯字母组成。如有效数字不是 6 位时，则在有效数字前用“0”补足 6 位。如“053842”。如有效数字为“1234”，则集装箱号应为“001234”。

4）核对数字。核对数字是用来对箱主代号和顺序号记录是否准确的依据。它位于箱号后，以一位阿拉伯数字加一方框表示。

设置核对数字的目的，是为了防止箱号在记录时发生差错。运营中的集装箱频繁地在各种运输方式之间转换，如从火车到卡车再到船舶等，不断地从这个国家到那个国家，进出车站、码头、堆场、集装箱货运站。每进行一次转换和交接，就要记录一次箱号。在多次记录中，如果偶然发生差错，记错一个字符，就会使该集装箱从此“不知下落”。为不致出现此类“丢失”集装箱及所装货物的事故，在箱号记录中设置了一个“自检测系统”，即设置一位“核对数字”。在集装箱运行中，每次交接记录箱号时，在将“箱主代号”与“箱号”录人计算机时，计算机就会自动按上述原理计算“核对数字”；当记录人员键入最后一位“核对数字”与计算机计算得出的数字不符时，计算机就会提醒箱号记录“出错”。这样，就能有效避免箱号记录出错的事故。

（2）作业标记。它包括以下三个内容：

1）额定重量和自定重量标记。如图 6—1—4 所示，额定重量即集装箱总重，自重即集装箱空箱重量（或空箱重量），ISO 688 规定应以千克（kg）和磅（lb）同时表示。集装箱的额定重量（空箱重量）和箱内装载货物的最大容许重量（最大容许重量）之和，即最大工作总重量（Max gross mass），简称最大总重，以 R 表示。集装箱的自重（Tare weight）又称空箱重量（Tare mass），以 T 表示。它包括各种集装箱在正常工作状态下应备有的附件和各种设备，如机械式冷藏集装箱的机械制冷装置及其所需的燃油；台架式集装箱上两侧的立柱；开顶集装箱上的帆布顶篷等。

图 6—1—4　集装箱载重标志

2）空陆水联运集装箱标记。由于该集装箱的强度仅能堆码两层。因而国际标准化组织对该集装箱规定了特殊的标志，该标记为黑色，该标记位于侧壁和端壁的左上角，并规定标记的最小尺寸为：高 127 mm，长 355 mm，字母标记的字体高度至少为 76 mm。

3）登箱顶触电警告标记。该标记为黄色底各色三角形，一般设在罐式集装箱和位于登顶箱顶的扶梯处，以警告登顶者有触电危险。

2. 自选标记

（1）识别标记。主要有国家和地区代号，如中国用 CN；美国用 US 等，尺寸和类型代号（箱型代码）。

（2）类型代号。类型代号原用 2 位阿拉伯数字表示，1995 年改为用 2 个字符表示。其中第一个字符为拉丁字母，表示集装箱的类型。如：G（General）表示通用集装箱；V（Ventilated）表示通风集装箱；B（Bulk）表示散货集装箱；R（Reefer）表示保温集装箱中的冷藏集装箱；H（Heated）表示集装箱中的隔热集装箱；U（Up）表示敞顶集装箱；P（Platform）表示平台集装箱；T（Tank）表示嫩式集装箱；A（Air）表示空陆水联运集装箱；S（Sample）表示以货物命名的集装箱。第二个字符为阿拉伯数字，表示某类型集装箱的特征。如通用集装箱，一端或两端右箱门，类型代表为 G0。

3. 同行标记

集装箱在运输过程中能顺利地通过，或进入他国国境，箱上必须贴有按规定要求的各种通行标志，否则，必须办理繁琐证明手续，延长了集装箱的周转时间。集装箱上主要的通行标记有：安全合格牌照、集装箱批准牌照、防虫处理板、检验合格徽及国际铁路联盟标记等。

第二节　集装箱公路运输

公路集装箱运输是集装箱运输的一个重要的组成部分。它能将航空、铁路、海运有效地连接起来，实现门到门运输。同时，还能把小批量的零星货物，通过汽车运输加以集中和组织，转为集装箱运输。

一、集装箱公路运输的特点及要求

1. 集装箱公路运输的特点

（1）集装箱公路运输在集装箱多式联运中成为重要的环节。发展集装箱多式联运，实现“门—门”运输，绝对离不开公路运输这种“末端运输”方式。所谓末端运输，是指运输活动开始和结束部分的活动。即从发货人那里取货和将货送到收货人门上。纵观集装箱各种运输，不管是水路运输、铁路运输还是航空运输，其开始和结束，都不可能离开集装箱的公路运输。而且公路集装箱运输在集装箱的各种运输方式之间起衔接性、辅助性的作用，是通过陆上的“短驳”，将各种运输方式连接起来，或最终完成一个运输过程。所以，公路集装箱运输在集装箱内陆运输系统和多式联运中，都占有重要地位。

（2）集装箱公路运输以其机动灵活、快速直达的优势，扮演着集装箱运输“主力”角色，从头至尾完成一次完整的运输过程，可以为货主提供更加方便、快捷、安全、优质的服务。开展公路集装箱直达运输，能够减少货物流通环节，提高运输效率，节约包装材料，减少货损货差，改善运输质量。因此，在运输业的各个领域，已被广泛应用。它是现代物流环节中不可缺少的运输方式，也是现代化运输发展的必然趋势。

（3）表现出公路运输共有的弱点。不管是不是运输集装箱，公路运输均表现出一些共同的弱点：运力与速度低于铁路运输；能耗与成本却高于铁路、水路运输，安全性低于铁路和水路运输；对环境污染的程度高于铁路和水路运输。所以，在有些国家和地区（如欧洲的许多国家）都以立法和税收优惠政策等方式，鼓励内河运输与铁路运输，限制集装箱的长途公路运输。

2. 集装箱公路运输合适的距离

集装箱公路运输合适的距离，与各个国家和地区的经济发展程度、地理环境有关。如美国，由于内陆幅员辽阔，高速公路网发达，一般认为 600 km 为集装箱公路运输的合适距离；日本四周环海，沿海驳运很方便，所以认为集装箱公路运输在 200 km 之内比较合理；我国虽然内陆也幅员辽阔，但公路网络迄今为止还较差，铁路网络相对较发达，所以一般认为公路运输应控制在 300 km 左右。

3. 集装箱公路运输对公路技术规格的要求

根据我国国家标准《货运挂车系列型谱》的规定，要求集装箱卡车的最大载重量不超过 45 t。一般来说，运输大型集装箱，单轴最大载重量不超过 12 t，双联轴最大载重量不超过 20 t。按国际标准，40 ft 集装箱最大额定重量为 30.48 t，则装载 40 ft 集装箱的卡车，其最大总重在 43～45 t，基本上可以适合在我国二级公路上行驶。但如果一辆集装箱卡车装载两只 20 ft 集装箱，则必须限制每箱净载重在 15 t 以下，或一只空箱、一只重箱配载。

所以，对公路基本建设的最低要求是公路网的载运能力至少必须等于单轴和双轴的负重和车辆上载运一个按定额满载集装箱的总重量。

运输 20 ft、30 ft、40 ft 的集装箱，公路必须满足下列要求：

（1）车道宽度 3 m；

（2）路面最小宽度 30 m；

（3）最大坡度 1∶10；

（4）停车视线最短距离 25 m；

（5）最低通行高度 4 m。

4. 集装箱公路运输对运输车辆的要求

集装箱公路运输的车辆是根据集装箱的箱型、种类、规格尺寸和使用条件来确定的。一般分为货运汽车和拖挂车两种，货运汽车一般适用于小型集装箱，做短距离运送；拖挂车适用于大型集装箱，适合长途运输，因它的技术性能较好，在一些工业发达国家采用拖挂车较多，如图 6—2—1 所示。

二、公路集装箱运输的营运管理

公路集装箱运输的营运管理主要指两方面工作：一是货源组织工作；二是运行管理。

1. 货源组织工作

（1）公路集装箱运输货源组织的特点

1）公路集装箱货源组织的客观性。公路集装箱货源组织的客观性是指集装箱货源受国

图 6—2—1　拖挂车

家政策的影响很大，牵涉国家对外贸易的发展和集装箱化的比例，同时还受到货主、货运代理以及船舶公司等各种变化的影响，因此从公路集装箱运输货源来说，其平衡性和稳定性只是相对的、暂时的，由于货源的不平衡性，对运输的需求也是经常处于不稳定的状态，因此公路集装箱运输在时间和方向上都存在着一定的不均衡性。

2）公路集装箱货源组织的主观性。公路集装箱货源组织的主观性是指在市场经济运行机制下竞争规律的作用，使得各参与企业由于自身状况的不同，能获取的市场份额也就不同，体现在参与企业的公路集装箱货源组织的业务量的不同，所以每个参与企业的物质条件、员工的敬业精神、市场的开拓能力、企业的管理水平等综合素质的高低势必影响到集装箱的货源组织。

（2）公路集装箱运输货源组织的形式

1）计划调拨运输。集装箱货源组织最基本的形式是计划调拨运输，即是由公路运输代理公司或配载中心统一受理由口岸进出口的集装箱货源，由代理公司或货配载中心根据各集装箱卡车公司的车型、运力，以及基本的货源对口情况，统一调拨运输计划。计划运输是保证集装箱公路运输正常发展的前提，也是保证企业效益的主要支柱，对运输的运力调整和结构调整起到指导作用。

2）合同运输。合同运输是公路集装箱运输的第二种货源组织形式。在计划调拨运输以外或有特殊要求的情况下可采用合同运输形式。由船舶公司、货运代理或货主直接与集装箱卡车公司签订合同，确定某段时间内的运输量多少。尽管这是计划外的，但是长期的合同运输事实上也列入了计划运输之列，这对稳定货源、保证计划的完成同样具有积极的意义。

3）临时托运。第三种货源组织形式是临时托运。临时托运可视为小批量的、无特殊要求的运输。这一般不影响计划运输和合同运输的完成。这主要是一些短期的、临时的客户托运的集装箱，但这也是集装箱卡车公司组织货源的一个不可缺少的货源组织形式。

（3）公路集装箱运输货源组织的手段

1）委托公路运输代理公司或配载中心组货。这是集装箱卡车公司主要的组货渠道。因为公路集装箱运输代理公司或配载中心一旦成立并发挥职能，其货源组织的能量是不可低估的，这不仅在于作为专门的公路集装箱运输货运代理与各类口岸企业有密切的联系，熟悉业务，便于进行商务处理。由公路运输代理公司集中地向众多货主揽货，然后分配给各集装箱卡车公司，也便于提高效率，降低交易成本。

2）建立营业受理点。委托公司、集装箱运输代理公司或配载中心受理集装箱托运业务，并不排斥各集装箱卡车公司在主要货主、码头、货运站设立营业受理点。这有几个好处：一是能及时解决一些客户的急需或特殊需要；二是作为“集卡”公司在现场营业，办理托运时，能更快地了解、掌握集装箱运输市场的信息动态，从而为其运输经营提供依据；三是适度的竞争能搞活集装箱运输市场。当然，各“集卡”公司设立营业点必须行为规范，严格执行运价规定，并负责所产生的一切后果。

3）参加集装箱联办会议和访问货主。参加集装箱联办会议，及时了解港区、货代、货主的货源情况，也是一个组货的好渠道。要与他们保持密切的联系，随时掌握他们手中的货源，并争取运输。要经常走访主要货主单位并与他们建立正常的业务联系，这是直接了解客户产销情况和他们对集装箱运输的需求变化十分有效的方式。要主动帮助客户解决运输疑难问题，与其确立稳定的业务关系。

2. 运行管理

公路集装箱运输的业务不像水路运输那么规范，其运输形式多变、货物数量相差悬殊，所以很难规范地描述其业务流程。这里仅以口岸或大型公路集装箱中转站为背景的集装箱卡车运输公司的典型业务为对象，讨论其业务流程和运行管理。

（1）进口货运业务。进口货运业务是指当班轮运输的集装箱到达目的港卸下以后，运往收货人处的货运业务。一般处理流程如下：

1）编制进口箱运量计划。根据港务局提供的集装箱班轮船期动态，或者船舶公司、货运代理公司提供的进口船期、载箱量、需要通过公路疏运、送达的箱量等，结合本公司的运力情况，编制运量计划。

2）接受托运。集装箱卡车公司通过各种方式接受公路运输代理公司、货运代理公司或货主等提出的进口集装箱陆上运输申请，根据自身条件许可情况，接受托运。

3）申请整箱放行计划。在接受托运以后，集装箱卡车运输公司向联合运输营业所申请整箱放行计划；如为拆箱货，则向陆上运输管理处申请批准。

4）安排运输作业。集装箱卡车运输公司根据“先重点后一般”的原则，合理安排运输计划。对各种超重、超高等超标准箱，应向有关管理部门申请超限证；如属跨省运输，则应开具路单。

5）申请机械、理货和卫检。如待运的集装箱在码头、公路中转站，应提前向码头与公路中转站申请装车机械和相应人力。如需拆箱，还应代替收货人向有关部门提出理货、卫检和其他一些特殊需要的申请。

6）提取重箱。完成以上工作后，集装箱卡车运输公司派出集装箱卡车，持集装箱放行单和设备交接单，到指定箱区提取重箱，并在大门检查站办理出场集装箱设备交接。

7）交箱。集装箱卡车将重箱送往收货人处。如需在收货人处拆箱、同时运回空箱的，须由理货公司派员理货。货主接收货物后在交接单上签收，集装箱卡车运输的货物交接责任才告结束。

8）送还空箱。集装箱的空箱应按规定时间、地点送回。集装箱卡车在送回空箱时，应在码头大门检查站进行检查，取得进场集装箱设备交接单，然后到堆场办理空箱交接。

（2）出口货运业务。出口货运业务是指发货人通过集装箱卡车，将集装箱重箱送达起点港，装上集装箱班轮，运往目的港的货运业务。一般流程如下：

1）掌握货源。集装箱卡车运输公司应广泛开展货源组织工作，掌握船公司和货运代理近期内待装运的箱源，预先做好运力安排。

2）接受托运。集装箱卡车运输公司通过各种形式接受公路运输代理公司、货运代理公司或货主的托运申请，在了解掌握待装货物情况和装箱地点后，有能力接受的，予以承运，并订立运输合同。

3）安排作业计划。集装箱卡车运输公司根据承运合同，编制集装箱卡车作业计划。对超重、超高、跨省运输的，提前向有关管理部门办理申请。

4）向码头申请装卸机械与人力。根据船期的计划，在送箱的前一天，向码头申请装卸机械与人力。

5）领取空箱。集装箱卡车运输公司凭货运代理签发的出场集装设备交接单和托运单，到指定地点提取空箱，送往托运人处装箱。

6）送交重箱。装箱完毕，集装箱卡车运输公司将重箱连同装箱单、设备交接单送到指定码头交付，办理集装箱设备交接。

三、集装箱公路运输中转站组织

1. 集装箱公路运输中转站的作用

集装箱公路运输中转站，是指设在港口或铁路办理站附近，用于水路、铁路运输向内陆和经济腹地延伸的基地和枢纽。集装箱中转站是一个重要作业环节，也是箱货交接及划分风险责任的场所。

（1）公路中转站是国际集装箱运输在内陆集散和交接的重要场所。

（2）公路中转站是港口向内陆腹地延伸的集装箱后方堆场。

（3）公路中转站是国际集装箱向内陆延伸运输系统的后勤保障作业基地。

（4）公路中转站既是内陆的一个口岸，又是国际集装箱承运等各方面进行交易和提供服务的中介场所。

（5）公路中转站的设立可改善内陆地区的投资环境，从而能促进外向型经济的快速发展，随之又带动国际集装箱运输在内陆的推广和应用。

2. 集装箱公路运输中转站内部的一般设置

中转站如图 6—2—2 所示，集装箱公路运输中转站一般可分为主作业区和辅助作业区。主作业区通常分成集装箱堆场和集装箱拆装箱作业仓库两大部分。

第一部分为集装箱堆场。在这一区域完成集装箱卡车进场卸箱作业与出场装箱作业的全过程；同时在这一区域进行集装箱日常堆存。集装箱堆场可按空箱、重箱分别划分区域；如代理船舶公司、租箱公司作为内陆收箱点的，还可按箱主分别划分堆箱区域。在堆箱区域中，国内箱（小型箱）与国际标准箱要分开。通常国内箱区应放在较靠外的位置，国际标准箱放在较靠里的位置。集装箱堆场的地面必须做负重特殊处理，以满足相关的负荷要求。堆场地面必须符合规格，避免场地被损坏。

第二部分是集装箱拆装箱作业仓库。在这一区域主要完成集装箱拆箱、装箱作业和集

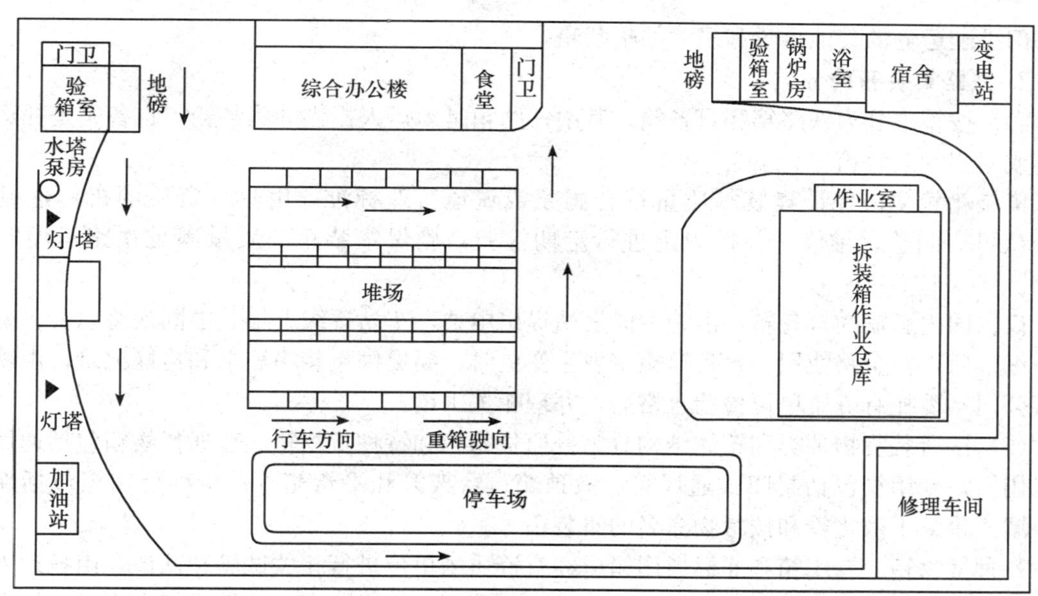

图 6—2—2 中转站

装箱拼箱货集货、集装箱拆箱货分拣、暂时储存，及某些中转货物的中转储存等工作。仓库的规模应能满足拼、拆箱量的需求，在仓库一侧一般设置“月台”，以备集装箱卡车进行不卸车的拼、拆箱。应有适当开阔面积的拼、拆箱作业区，便于货物集中、分拣与叉车作业。按需要，可设置进行货物分拣的皮带输送机系统。同时，应有适当规模的货物储存区域。

第三节 集装箱铁路运输

集装箱铁路运输是借助集装箱这种大型标准化容器为载体进行货物运输。每批必须是同一箱型，使用不同箱型的货物不得按一批托运，每批至少一箱，最多不得超过铁路一辆货车所能装运的集装箱数，由发货人、收货人负责拆、装箱，确定重量，铁路按箱承运，不查点箱内货物。

一、集装箱铁路运输的基本条件

集装箱装箱由托运人负责，使用前须检查箱体状态，箱体不良时，应要求承运人更换。装箱后，由托运人施封。集装箱掏箱由收货人负责，装掏箱作业，托运人、收货人也可委托承运人担当。集装箱掏空后应清扫干净、关闭箱门，有污染的必须进行洗刷。

使用自备集装箱时，收货人将自备集装箱与货物同时领取。必须向发站回送的，收货人在领取的同时填写特价证明书，经到站签认在 30 日内向原发站回送。承运人核收回送运费，承运人利用回送的自备集装箱运货物至回送的到站时，免收回送运费。

1. 铁路运输的集装箱应满足的条件

铁路运输的集装箱：按重量和尺寸分为 1 t 箱、10 t 箱、20 ft 箱、40 ft 箱以及经铁路主管部门批准运输的其他重量和尺寸的集装箱。

2. **铁路集装箱的分类**

(1) 按箱主分为铁路箱和自备箱，其中铁路箱是承运人提供的集装箱，自备箱是托运人自有或租用的集装箱。

集装箱箱主应保证集装箱质量符合国家或铁道行业标准，由具有资质的机构进行鉴定、认可、制造、维修，并按规定进行定期检验，确保集装箱的质量满足铁路运输安全要求。

仅在国内运输的自备箱，由箱主向发站提出申请，车站逐级上报，中国铁路总公司统一公布编号后，在全路使用。自备箱箱主发生变更时，要提供集装箱证书和检修记录，由铁路局（公司）委托有资质单位检验合格后，办理相关手续。

(2) 按所装货物种类和箱体结构分为普通货物箱和特种货物箱。普通货物箱包括通用箱和专用箱，专用箱包括封闭式通风箱、敞顶箱、台架箱和平台箱等；特种货物箱包括保温箱、罐式箱、干散货箱和按货物命名的集装箱等。

特种货物箱、专用箱和非标通用箱应经有资质的单位进行相关试验和认证，由托运人向发站提交有关技术文件和上路运输申请；铁路主管部门对运输安全性等进行审查后，提出意见报中国铁路总公司公布上路运输。

此外，还可以按是否符合国家或铁道行业标准分为标准箱和非标准箱。

3. **铁路集装箱运输的其他要求**

(1) 集装箱应按国家或铁道行业标准涂打相应的标记和标志。20 ft 以上的集装箱应有集装箱检验单位徽记、国际集装箱安全公约（CSC）安全合格牌照、国际铁路联盟认证标记，其中国际集装箱安全公约安全合格牌照上应标有维修检验日期或有连续检验计划标记，且箱体标明的集装箱号码应与牌照一致。

(2) 集装箱所装货物应适合集装箱运输的要求，不得腐蚀、损坏箱体。性质互抵的货物不得混装于同一箱内。易于污染箱体的货物不得使用铁路通用集装箱装运。

(3) 集装箱应采用门到门运输。托运人和收货人可使用自有运力或委托运输单位进行，车站应提供便利条件。特殊情况下，根据托运人、收货人要求也可在站内指定区域装、掏箱。铁路箱出站时，车站应与门到门运输单位或托运人、收货人签订运输安全协议并收取保证金。

(4) 集装箱运输危险货物要严格按照《铁路危险货物运输管理规则》的规定，托运人、承运人、收货人和办理地点符合要求，箱体除符合中国铁路总公司有关技术标准外还要适应所装货物的要求。

(5) 托运的集装箱，每箱总重不得超过其标记总重和中国铁路总公司规定的限制重量。在集装箱总重有限制的办理站间运输时，不得超过限制总重。

(6) 不符合集装箱运输条件的，不能按集装箱办理运输。

二、集装箱铁路运输货源组织形式

1. **整列的集装箱货源**

整列集装箱货源一般较少，但在与海运联运，即与集装箱码头相连的枢纽站接运时，由于集装箱船载箱量大，铁路则需要编排整列的、到达同一终点站的集装箱直达列车。

2. 整车的集装箱货源

指形成一节车皮的集装箱货源。铁路集装箱专用车长度通常为 60 ft，最长的达 90 ft。所以一节整车可装载三四个 20 ft 集装箱。对铁路来说，形成整车的集装箱货源，在编排时总是占一节车皮，所以比较有利。因此为了鼓励托运人“整车”托运，规定一节集装箱车皮，不管是否装满，均按整车计费。托运人为减少每个集装箱分摊的费用，会尽量配齐一节整车货源。

3. 整箱的集装箱货源

对货运量较少的货主来说，在其货源能装满一个整箱，但不够一节整车时，有些国家铁路为方便这些货主托运集装箱，采取按箱计费的办法。

4. 拼箱的集装箱货源

拼箱的集装箱货源是由运输部门根据不同货主托运的货物，加以整理后装载的集装箱货物，也就是一箱几个货主的货物。

三、集装箱托运、承运和交付原则

1. 托运的集装箱不得匿报货物品名，货物中不得夹带危险货物、易腐货物、货币、有价证券以及其他政令限制运输的物品。托运人应使用箱体状态良好的集装箱。

2. 使用铁路集装箱时，承运人应提供状态良好的集装箱。托运人在使用前必须检查箱体状态；发现箱体状态不良时，承运人应予以更换。

3. 集装箱的装箱由托运人负责。装箱时应充分利用箱内容积，码放稳固，装载均匀，不超载、不集重、不偏重、不偏载、不撞砸箱体。要采取防止货物移动、滚动或开门时倒塌的措施，确保箱内货物和集装箱运输安全。

4. 集装箱施封由托运人负责。通用集装箱重箱必须施封，施封时左右箱门锁舌和把手须入座，在右侧箱门把手锁件施封孔施封一枚，用 10 号镀锌铁线将箱门把手锁件拧固并剪断余尾。其他类型集装箱的施封方法另行规定。

托运的空集装箱可不施封，托运人须关紧箱门并用 10 号镀锌铁线拧固。托运 1 t 集装箱时，托运人应在门把手和箱顶吊环上各拴挂一个货签。货签上“货物名称”栏免填。拴挂前应撤除集装箱上残留的旧货签。

托运人施封后，应在运单上逐箱填记集装箱箱号和相应的施封号码。运单内填记不下时，可另附清单。已填记的箱号和施封号码不得随意更改；必须更改时，托运人须在更改处盖章证明。

托运人应如实填记运单。箱内所装货物的品名、件数、重量及使用的箱型、箱号、封印号等应与运单（物品清单）记载的内容相符。

5. 托运人或收货人使用铁路箱超过下列期限，自超过之日起核收集装箱延期使用费：

（1）站内装箱时，应于承运人指定的进货日期当日装完。站内掏箱时，应于领取的当日内掏完。

（2）到达的集装箱应于承运人发出催领通知的次日起算，2 日内领取集装箱。

（3）集装箱门到门运输重去空回或空去重回时，应于领取的次日送回；重去重回时应于领取的 3 日内送回。

（4）集装箱的掏箱由收货人负责。铁路箱掏空后，收货人应清扫干净，将箱门关闭良好，撤除货签及无关标记，有污染的须除污洗刷。车站对交回的铁路箱空箱应进行检查，发现未清扫或未洗刷的，应在收货人清扫或洗刷干净后接收，或以收货人责任委托清扫人员清扫洗刷。

(5) 收货人领取自备箱时，自备箱与货物应一并领取。

集装箱运输，以货物运单（以下简称运单）作为运输合同。托运人托运集装箱应按批提出运单。每批必须是标记总重相同的同一箱型，最多不得超过一辆铁路货车所能装运的箱数。铁路箱和自备箱不得按一批办理。

集装箱装运多种品名的货物不能在运单内逐一填写时，托运人应按箱提出物品清单一式三份。加盖车站日期戳后，一份由发站存查；另一份随同运送票据递交到站；再一份退还托运人。

集装箱内单件货物的重量超过100 kg时，应在运单“托运人记载事项”栏内分别注明实际重量。

在专用铁路、铁路专用线卸车的集装箱，应在运单“托运人记载事项”栏内记明“在×××专用铁路（铁路专用线）卸车”。

发送的集装箱应于承运人指定的进站日期当日进站完毕。到达的集装箱，应于承运人发出催领通知的次日起算，2日内领取集装箱货物，并于领取的当日内将箱内货物掏完或将集装箱搬出。集装箱货物（含空自备箱）在车站存放超过上述免费暂存期限，应按规定核收货物暂存费。

四、集装箱铁路运输交付责任的划分

交接责任的划分：交接前由交方承担，交接后由接方承担。但运输过程中由于托运人责任造成的事故和损失由托运人负责；因集装箱质量发生的问题，责任由箱主或集装箱承租人负责。

集装箱在承运人的运输责任期内，箱体没有发生危及货物安全的变形或损坏，箱号、施封号码与运单记载一致，施封有效时，箱内货物由托运人负责。

铁路箱由于托运人或收货人责任造成丢失、损坏及无法洗刷的污染时，应由托运人或收货人负责赔偿，责任人在“铁路箱出站单”上签认，车站凭“铁路箱出站单”编制“集装箱破损记录”，作为向责任人索赔的依据。自备箱由于承运人责任造成上述后果时，车站应编制货运记录，由承运人负责赔偿。赔偿费按实际发生的费用计算。

五、集装箱铁路运输的作业流程

1. 确定集装箱承运日期表

集装箱铁路承运日期表由铁路集装箱办理站制定，目的是使发货人明确装在开往某一方向的集装箱列车的装箱时间，以便发货人准备好短途运输手段，按时送货装箱。

2. 集装箱货物托运受理

(1) 由货运公司集中受理。这是目前大多数铁路集装箱办理站采用的受理方式。这种方式的处理程序是由货运公司接受发货人托运，然后由货运公司审批运单。

货运员在接受集装箱货物时，应对发货人装载的集装箱货物进行检查。经检查确认无误后，在货物运单上签字，并交发货人付款起运。

(2) 驻地受理。铁路集装箱办理站在货源比较稳定的企业设受理室，直接受理托运货物业务。

（3）电话受理。由发货人直接通过电话向铁路集装箱办理站的货运室托运货物。受理货运员根据电话登记托运的货物，统一集配、审批，然后电话通知发货人进箱（货）日期。

3. 空箱发放和装箱

先将空箱运至货物所在的货场，以便装货。在本阶段，应先检查集装箱是否符合货主的需要，以及调度安排的箱号。货物装箱关闭箱门后，检查所挂标签和进行加封，将铅封号记入货物运单内。

在发放空箱时，双方要明确交接责任，共同检查集装箱外表状况，判断是否会影响货物运输安全，避免事后的责任纠纷。

4. 装车

装车货运员在接到配装计划后到站确定装车顺序，应做到：

（1）装车前，对车体、车门、车窗进行检查，看是否过了检查期，有无运行限制，是否清洁等。

（2）装车时，装车货运员要做好监装，检查待装的箱子和货运票据是否相符、齐全、准确，并对箱体、铅封状态进行检查。

（3）装车后，要检查集装箱的装载情况，是否满足安全运送的要求，如使用棚车装载时还要加封。装车完毕后，要填写货车装载清单、货运票据，除一般内容的填写外，还应在装载清单上注明箱号，在货运票据上填写箱重总和，即包括货重和箱体自重。

5. 到达目的地铁路办理站卸车

集装箱列车经铁路运输，到达目的地铁路办理站装卸线，即行卸车。

6. 交付集装箱货物

交货时，交箱货运员在接到转来的卸货卡片和有关单据后，认真做好与车号、封号、标签的核对，核对无误后通知装卸交货，并当收货人面点交，返回的空箱，应检查箱体状况，在门到门运输作业单上盖章。

核对无误后通知装卸工组交货，并当收货人面点交。收货人在收到货物后应在有关单据上加盖“交付讫”的戳记。对门到门运输的集装箱货物，应填写《门到门运输作业单》，并由收货人签收。

六、铁路集装箱运输注意事项

1. 集装箱运输，以货物运单（以下简称运单）作为运输合同。托运人托运集装箱应按批提出运单。每批必须是标记总重相同的同一箱型，最多不得超过一辆铁路货车所能装运的箱数。铁路箱和自备箱不得按一批办理。

2. 集装箱装运多种品名的货物不能在运单内逐一填写时，托运人应按箱提出物品清单一式三份。加盖车站日期戳后，一份由发站存查；另一份随同运送票据递交到站；还有一份退还托运人。

3. 集装箱内单件货物的重量超过 100 kg 时，应在运单“托运人记载事项”栏内分别注明实际重量。

在专用铁路、铁路专用线卸车的集装箱，应在运单“托运人记载事项”栏内记明“在×××专用铁路（铁路专用线）卸车”。

4. 托运的集装箱不得匿报货物品名，货物中不得夹带危险货物、易腐货物、货币、有价证券以及其他政令限制运输的物品。

5. 托运人应使用箱体状态良好的集装箱。使用铁路箱时，承运人应提供状态良好的集装箱。托运人在使用前必须检查箱体状态；发现箱体状态不良时，承运人应予以更换。

6. 集装箱的装箱由托运人负责。装箱时应充分利用箱内容积，码放稳固，装载均匀，不超载、不集重、不偏重、不偏载、不撞砸箱体。要采取防止货物移动、滚动或开门时倒塌的措施，确保箱内货物和集装箱运输安全。

7. 集装箱施封由托运人负责。通用集装箱重箱必须施封，施封时左右箱门锁舌和把手须入座，在右侧箱门把手锁件施封孔施封一枚，用 10 号镀锌铁线将箱门把手锁件拧固并剪断余尾。其他类型集装箱的施封方法另行规定。

托运的空集装箱可不施封，托运人须关紧箱门并用 10 号镀锌铁线拧固。

8. 托运 1 t 集装箱时，托运人应在门把手和箱顶吊环上各拴挂一个货签。货签上“货物名称”栏免填。拴挂前应撤除集装箱上残留的旧货签。

9. 托运人施封后，应在运单上逐箱填记集装箱箱号和相应的施封号码。运单内填记不下时，可另附清单。已填记的箱号和施封号码不得随意更改；必须更改时，托运人须在更改处盖章证明。

托运人应如实填记运单。箱内所装货物的品名、件数、重量及使用的箱型、箱号、封印号等应与运单（物品清单）记载的内容相符。

10. 发送的集装箱应于承运人指定的进站日期当日进站完毕。到达的集装箱，应于承运人发出催领通知的次日起算，2 日内领取集装箱货物，并于领取的当日内将箱内货物掏完或将集装箱搬出。集装箱货物（含空自备箱）在车站存放超过上述免费暂存期限，应按规定核收货物暂存费。

11. 托运人或收货人使用铁路箱超过下列期限，自超过之日起核收集装箱延期使用费：

（1）站内装箱时，应于承运人指定的进货日期当日装完。站内掏箱时，应于领取的当日内掏完。

（2）到达的集装箱应于承运人发出催领通知的次日起算，2 日内领取集装箱。

（3）集装箱门到门运输重去空回或空去重回时，应于领取的次日送回；重去重回时应于领取的 3 日内送回。

12. 集装箱的掏箱由收货人负责。铁路箱掏空后，收货人应清扫干净，将箱门关闭良好，撤除货签及无关标记，有污染的须除污洗刷。车站对交回的铁路箱空箱应进行检查，发现未清扫或未洗刷的，应在收货人清扫或洗刷干净后接收，或以收货人责任委托清扫人员清扫洗刷。

13. 收货人领取自备箱时，自备箱与货物应一并领取。

14. 承运人与托运人或收货人交接集装箱时，施封的凭箱号、封印和箱体外状，不施封的凭箱号和箱体外状交接。

15. 从车站搬出铁路箱时，车站根据运单填写“铁路箱出站单”作为出站和箱体状况交接的凭证。集装箱送回车站时，车站收妥集装箱并结清费用后，在乙联上加盖车站日期戳和经办人章，将收据交还箱人。

16. 承运人有权对集装箱货物品名、重量、数量、装载状况等进行检查。需要开箱检查货物时，在发站应通知托运人到场；在到站应通知收货人到场；无法约见托运人或收货人时，应会同驻站公安检查，并做好记录。

托运人有违约责任时，承运人应按合同约定或有关规定向托运人或收货人核收违约金和因检查产生的作业费用。可继续运输的，车站应会同托运人或驻站公安补封，编制货运记录。

17. 发站在接收集装箱时，检查发现箱号或封印内容与运单记载不符或未按规定关闭箱门、拧固、施封的，应由托运人改善后接收。箱体损坏危及货物和运输安全的不得接收。

18. 到站应向运单记载的收货人交付集装箱。在专用铁路、铁路专用线装卸车的集装箱，交接办法由车站与专用铁路、铁路专用线的使用单位商定。

19. 收货人在接收集装箱时，应按运单核对箱号，检查施封状态、封印内容和箱体外状。发现不符或有异状时，应在接收当时向车站提出。到站检查发现施封锁脱落、失效、站名或号码不符、箱体损坏危及货物安全的集装箱，应向收货人出具货运记录，并按记录点交货物。

20. 交接责任的划分：交接前由交方承担，交接后由接方承担。但运输过程中由于托运人责任造成的事故和损失由托运人负责；因集装箱质量发生的问题，责任由箱主或集装箱承租人负责。

集装箱在承运人的运输责任期内，箱体没有发生危及货物安全的变形或损坏，箱号、施封号码与运单记载一致，施封有效时，箱内货物由托运人负责。

21. 铁路箱由于托运人或收货人责任造成丢失、损坏及无法洗刷的污染时，应由托运人或收货人负责赔偿，责任人在“铁路箱出站单”上签认，车站凭“铁路箱出站单”编制“集装箱破损记录”，作为向责任人索赔的依据。自备箱由于承运人责任造成上述后果时，车站应编制货运记录，由承运人负责赔偿。赔偿费按实际发生的费用计算。

第四节 集装箱水路运输

集装箱水路运输是把货物装在集装箱内用船舶运送的一种现代化的水路运输方式。

一、集装箱水路运输的相关单位

1. 集装箱班轮公司

集装箱班轮公司是集装箱水路运输的主角，它完成集装箱海上与内河的航运任务，是集装箱水路运输的主要参与方。

2. 集装箱码头公司

集装箱码头公司是集装箱水路运输的另一个主角，它完成集装箱水路运输起点和终点的装卸任务。

3. 无船承运人公司

无船承运人，是指在集装箱运输中，经营集装箱货运，但不经营船舶的承运人。无船承运人是国际贸易合同的当事人，在法律上有权订立运输合同，本人不拥有运输工具，有权签发提单，并受提单条款的约束，由于与托运人订立运输合同，所以对货物全程运输负责。具有双重身份：对货物托运人来说，是承运人或运输经营人；而对实际运输货物的承运人而言，又是货物托运人。

4. 集装箱租箱公司

集装箱租箱公司购置一定数量的集装箱，专业从事租箱业务，同时进行箱务管理，一般还经营堆箱场，专门满足货主与船舶公司对集装箱空箱租赁的需求。

5. 集装箱船舶租赁公司

集装箱船舶租赁公司提供集装箱船，满足集装箱班轮公司对船舶的需求。

6. 国际货运代理人

国际货运代理人公司，专门为货主代理各类货运业务。国际货运代理人代理的主要业务包括：订舱、报关、拆装箱、货物保险，即代理货主办理各种运输保险业务。

二、集装箱水路运输进口业务

1. 集装箱进口货运程序

集装箱的进口货运程序大致如下：当卸货港的船公司或船公司的代理人在接到装货港的船舶公司或船舶公司的代理人寄来的有关货运单证后，联系集装箱装卸作业码头，为船舶进港和卸货做好必要的准备工作。船舶到港后，代办各种船舶和货物的进口手续，组织卸货和进口箱在码头堆场的存放或在集装箱货运站进行拆箱。与此同时，在卸货港的船公司或船公司的代理人向收货人发出到货通知，要求货主能尽快提货。货主通过银行取得提单后，即可根据到货通知，凭提单到船公司或船公司的代理人那里换取提货单，凭提货单到码头堆场或集装箱货运站提取货物。

2. 集装箱水路运输进口业务流程

在集装箱进口货运业务中，码头主要负责卸船、箱货的暂时堆存、箱货的交付等业务。全过程可分为卸船前的准备、卸船作业、卸船结束后小结、箱货的交付（整箱交付、拆箱交付）等四个阶段。

（1）卸船前的准备工作，如图 6—4—1 所示。

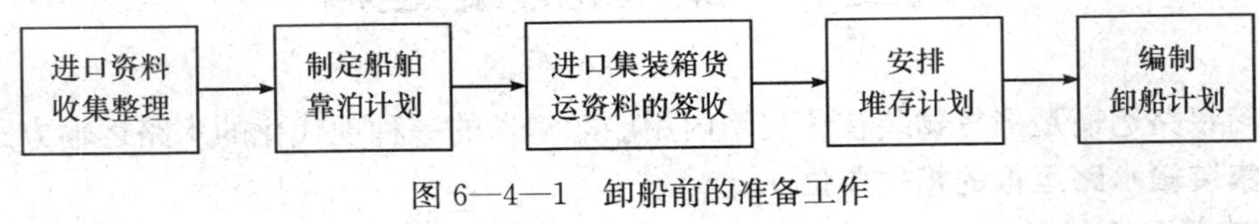

图 6—4—1　卸船前的准备工作

（2）卸船作业，如图 6—4—2 所示。

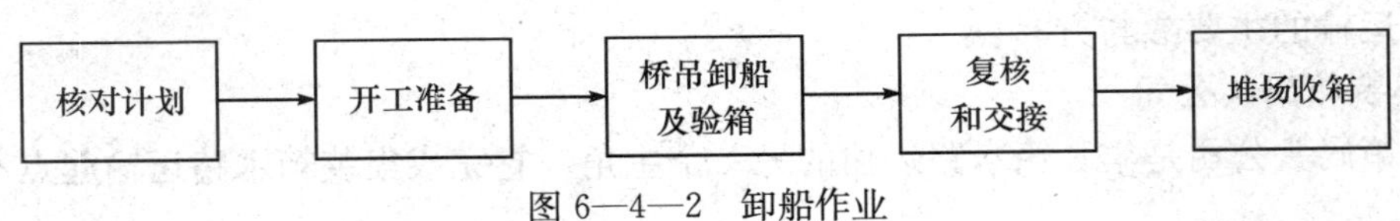

图 6—4—2　卸船作业

（3）卸船结束后的小结，如图 6—4—3 所示。

（4）进口集装箱箱货交付。为了使集装箱码头的卸船工作能顺利进行，防止进口货物在

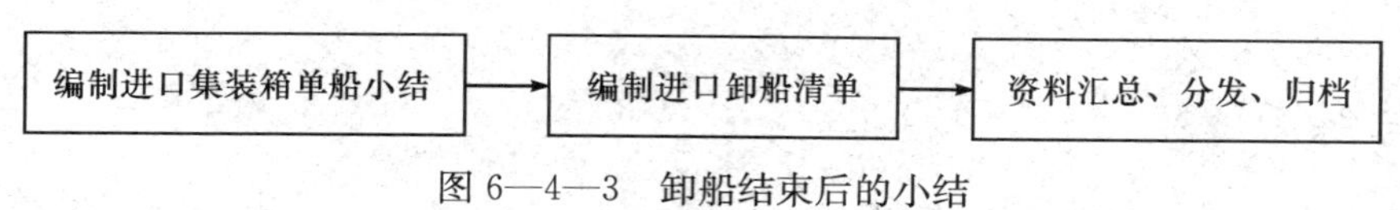

图 6—4—3 卸船结束后的小结

码头堆场的积压，同时不使集装箱闲置，加速箱周转，在集装箱运输中，一般都由船公司先向收货人发出提货通知。收货人接到提货通知后，凭正本提单到船公司换取提货单，随附费用账单和交货记录两联。收货人持上述单证随其他进口货物报关、报验单证办理完“一关三检”、放箱、理货和陆管处手续后，到码头办理提货手续。

三、集装箱水路运输出口业务

1. 集装箱水路运输出口货运程序

（1）订舱。发货人根据所订立的贸易合同和信用证的有关条款规定，出口商（CIF 或 C&F）或进口商（FOB）在货物托运前的一定时间，选定适当班期的船舶，向船公司或其代理正式申请订舱。

（2）接受订舱。船公司或其代理人，根据货主的申请，综合考虑航线、船舶、港口、运输等是否满足货方的要求，决定能否接受该订舱申请。

（3）申请空箱。集装箱的箱主绝大多数为船东箱，因此发货人在完成订舱托运后，通常要向船公司或船代理人申请空箱，以装箱出运。

（4）装箱。发货人提运空箱至装箱点，负责装箱、填制装箱单，并在海关监管下施封。

（5）集装箱的交接。加上海关封铅的集装箱，通过内陆运送至码头堆场，码头堆场根据订舱清单核对装箱单和场站收据接收货物，并在场站收据上签字，经过签字的场站收据再退交发货人凭此收据换取提单。

（6）换取提单。发货人在收到经码头签字的场站收据后，凭场站收据到船公司或其代理人处付清运费，换取提单，凭提单到银行结汇。

（7）集装箱装船。出口集装箱进入港区后，按预先编制的堆存计划堆放，船舶到港后，即可装船。

2. 集装箱水路运输出口业务流程

（1）船舶到港前的业务。与进口业务一样，集装箱码头要顺利地完成出口集装箱装船作业，必须预先收到出口集装箱的单证资料，以便做好各项准备工作。

（2）装船作业流程。集装箱出口装船，无论是整箱、拼箱或空箱，一般都必须先移到码头堆场等待装船，但有时也有船边直装的集装箱，如某些不能在堆场存放的危险品箱。

（3）装船结束工作

1）交接工作。工班结束后，船边验箱员将装船顺序单等单证交桥边指挥员汇总，由桥边指挥员和外轮理货员办理交接手续。

2）单证处理。集装箱码头堆场必须缮制各类货运单证，以便与船舶办理集装箱的交接手续。

思考与练习

1. 什么是集装箱？它的分类有哪些？

2. 集装箱运输有哪些特点？

3. 集装箱公路运输货源组织形式有哪些？

4. 集装箱铁路运输作业流程是什么？

5. 集装箱水路运输的进出口业务流程分别是什么？

6. 以小组为单位，就近联系集装箱堆场或货运站，全面了解集装箱运输业务，熟悉集装箱运输的作业流程。上交所调查的集装箱运输业务的资料，撰写一份实践调查报告。

第七章

多式联运

第一节　多式联运基础知识

多式联运是将不同的运输方式组合成综合性的一体化运输，通过一次托运，一次计费，一张单，一次保险，一次报关，由多式联运经营人签发全程提单，并由各运输区段的承运人完成全程运输。

一、多式联运的作用与优点

1. 多式联运的作用

（1）有利于发挥综合运输的优势。通过联运公司开办、代办业务，合理组织各种运输方式的衔接和配合，可以做到选择最佳运输方式和运输路线，使公路、铁路、水运合理分流，使车船库场充分利用，从而加速货物和资金周转，缩短车船停靠时间和库场使用周期，更好地组织宜水则水、宜陆则陆、宜空则空，效益优化的合理运输，充分发挥综合运输的整体功能。

（2）有利于提高经济效益和社会效益。联运公司“一手托两家”，既为货主服务，又为运输企业服务。通过实行代办、代理运输，简化了货主自办托运的手续，减少中间环节，提高运输效率，取得了良好的经济效益和社会效益。如江苏省江都县联运总公司开展联运“乡邮化”，推行运输代理制，货主运输货物就像邮寄包裹一样方便，同时，联运公司还为运输企业招揽货源，促进了乡镇企业的发展，活跃了城乡经济。由联运公司实行货运代理，不仅方便了货主，而且降低了运输费用和其他各项开支。

（3）有利于挖掘运输潜力，加速货位周转，提高运输效率。就铁路水运干线联运而言，铁路组织直达列车和成组运输，水运组织专用船舶定线、定班运输，港口定专用码头进行装卸，彼此之间及时预报，使车、港、船紧密地协调衔接，把全程运输组成统一的作业体系，可以大大地提高运输效率。

（4）有利于形成以城市为中心、港站为枢纽的综合运输网络。城市是交通运输的枢纽，港站是联运网络的集结点，是客货集散的中转地。许多联运公司是以中心城市和港站为依托建立起来的。通过联运，发展联运企业之间、联运企业与运输、仓储企业之间的横向联合，发展跨地区的联营与协作，并向乡镇辐射，不仅有利于搞活流通，发展商品经济，促进乡镇企业的进一步发展；而且使联运企业之间建立起各种形式的伙伴关系，扩大了联运服务范围，为逐步形成互相适应的综合运输体系创造条件。

（5）有利于无港站的县、市办理客货运输业务。全国还有不少县、市，由于没有港口、火车站，严重影响了货物的集散，影响经济的发展。通过联运公司积极开展联运业务，为货主代理运输，以及开展客票代售或联售业务，把乡镇企业和厂矿分散的物资集零为整，运到车站和港口中转全国各地，同时把外地运入的物资化整为零，分送乡镇企业和厂矿以及居民家庭，使这些地方成了“没有铁路的火车站”“没有码头的港口”，方便了货主和旅客，促进了城乡经济的繁荣。

（6）有利于交通运输管理体制的改革。由于多式联运通过组织协调，运用合同、协议等经济办法，加强了产、供、运、销，运输与仓储以及各种运输方式之间的配合与衔接，不但改变了人民的传统观念和习惯势力，而且也打破了部门与部门、部门与地区、地区与地区之间的界限，有力地冲击了条块分割、自成体系的管理体制。发展多式联运是交通运输企业横向经济联合的基本形式之一。随着联营联运的发展，必将成为交通运输管理体制改革的重大突破口，并向纵深发展。

2. 多式联运的优点

国际多式联运产生和发展是国际间货物运输组织的革命性变化。随着集装箱运输的发展，以多式联运形式运输的货物越来越多。到目前为止，发达国家大部分国际贸易的货物运输已采用多式联运的形式，各发展中国家采用多式联运的形式运输货物比例也以较大的速度增长。可以说集装箱货物多式联运已成为国际货物运输的主要方向。多式联运之所以能如此迅速发展，是由于它与传统运输相比较具有许多优点，这些优点主要体现在以下几个方面：

（1）统一化，简单化。国际多式联运的统一化和简单化主要表现在不论运输全程有多远，不论由几种方式共同完成货物运输，也不论全程分为几个运输区段，经过多少次转换，所有一切运输事项均由多式联运经营人负责办理，货主只需办理一次托运、订立一份运输合同、一次保险。一旦在运输过程中发生货物的灭失和损害时，由多式联运经营人打交道就可以了。在国际多式联运下是通过一张单证，采用单一费率，因而也大大简化了运输与结算手续。

（2）减少中间环节，提高运输质量。多式联运以集装箱为运输单元，可以实现“门—门”的运输，尽管运输途中可能有多次换装、过关，但由于不须掏箱、装箱、逐件理货，只要保证集装箱外表状况良好，铅封完整即可免检放行，从而大大减少了中间环节；尽管货物运输全程中要进行多次装卸作业，但由于使用专用机械设备，且又不直接涉及箱内货物，货损、货差事故、货物被盗的可能性大大减少；再者，由于全程运输由专业人员组织可做到各环节与各种运输工具之间衔接紧凑、中转及时、停留时间短，从而使货物的运达速度大大加快，有效地提高了运输质量，保证了货物安全、迅速、准确、及时地运抵目的地。

（3）降低运输成本，节约运杂费用。多式联运全程运输中各区段运输和各区段的衔接，是由多式联运经营人与各实际承运人订立分运合同和与各代理人订立委托合同（包括其他有关人与有关合同）来完成的。多式联运经营人一般与这些人都订有长期的协议。这类协议一般规定多式联运经营人保证托运一定数量的货物或委托一定量的业务，而对方则给予优惠的运价或较低的佣金。再者，通过对运输路线的合理选择和运输方式的合理使用，都可以降低全程运输成本，提高利润。对于货主来讲，一是可以得到优惠的运价；二是在多式联运下，一般将货物交给第一（实际）承运人后即可取得运输单证，并可据此结汇（结算货款）。结汇时间比分段运输有所提前，有利于货物占有资金的周转；三是由于采用集装箱运输，从某种意义上讲可以节省货物的运输费用和保险费用。此外，由于多式联运全程运输采用一张单证，实行单一费率，从而简化了制单和结算的手续，节约了货方的人力、物力。

（4）扩大运输经营人业务范围，提高运输组织水平，实现合理运输。在多式联运开展以前，各种运输方式的经营人都是自成体系，独立运输的，因而其经营业务的范围（特别是空间地域范围）受到很大限制，只能经营自己运输工具能够（指技术和经济方面）抵达的范围的运输业务，货运量也因此受到限制。一旦发展成为多式联运经营人或作为多式联运的参加者（实际承运人），其经营的业务范围即可大大扩展。从理论上讲可以扩大到全世界。除运输经营人外，其他与运输有关的行业及机构如仓储、港口、代理、保险、金融等都可通过参加多式联运得到好处，扩大业务。

在国际多式联运中是由专业人员组织全程运输的，这些人对世界的运输网、各类承运人、代理人、相关行业和机构及有关业务都有较深的了解和较为紧密的关系，可以选择最佳的运输路线，使用合理的运输方式，选择合适的承运人，实现最佳的运输衔接与配合，从而大大提高了运输组织水平，充分发挥现有设施的作用，实现合理运输。

二、多式联运的经营方式

多式联运的经营方式，主要包括“门到门”等方式，每种方式有着自己的特征和交接方式，见表7—1—1。

表7—1—1　多式联运的经营方式

经营方式	特征	适合的交接方式
门到门	完全是集装箱运输，并无货物运输	适宜于整箱交，整箱接
门到场	由门到场站为集装箱运输，由场站到门是货物运输	适宜于整箱交，拆箱接
场到门	由门至场站是货物运输，由场站至门是集装箱运输	适宜于拼箱交、整箱接
站到站	除中间一段为集装箱运输外，两端的内陆运输均为货物运输	适宜于拼箱交，拆箱接

三、我国多式联运的概况

1. 我国多式联运的发展

近年来，为适应和配合我国对外贸易运输的发展需要，我国对某些国家和地区已开始采用国际多式联运方式。目前，我国已开展的国际多式联运路线主要包括我国内地经海运往返日本内地、美国内地、非洲内地、西欧内地、澳洲内地等联运线以及经蒙古或前苏联至伊朗和往返西、北欧各国的西伯利亚大陆桥运输线。其中西伯利亚大陆桥集装箱运输业务发展较快，目前每年维持在10 000标准箱左右，我国办理西伯利亚大陆桥运输主要采用铁/铁（Transrail）、铁/海（Transea）、铁/卡（Tracons）三种方式，除上述已开展的运输路线外，新的联运线路正在不断发展，其中包括举世瞩目的新亚欧大陆桥。

2. 我国多式联运公司的主要业务

（1）零担货物的集结运输（指联运货物）。零担货物具有批数多、重量小、发到地分散、品种复杂、形状各异、包装不统一等特点。因而，零担货物运输是一种要求运输条件较高、货运业务手续较为繁杂、且面向千家万户的运输。由联运服务公司承包零担货物运输业务，不仅可以方便货主，提高服务质量，还可以通过联运服务公司的货物集结过程，化零为整，提高运输企业的运输效率和运输过程的安全可靠性。

零担货物集结运输包括货物接取、集结装运、不同运输工具间的货物中转和到达分送等运输环节。联运服务公司通过对运输各环节的合理组织和分设在货物发到地各处所的运输营业站、点（包括专营和兼营），可以实现零担货物运输的邮件化。通过这一运输组织形式，可以对千家万户的货主实现“人在家中坐、收发全国货”的高质量运输服务。

（2）代办货物中转（指非联运货物）。代办货物中转业务是在采用货主直接托运制条件下，联运服务公司作为货主的代理人，为货主办理在不同运输工具间的货物转运业务。联运服务公司的代办货物中转业务不仅可以减轻货主的运输业务工作负担，而且也有利于货物运输过程在不同运输工具间的紧密衔接，压缩货物中转滞留时间。代办货物中转业务可以由货主按批向联运服务公司提出委托的方式来办理，也可以通过货主和联运服务公司签订定期委托书（合同）的方式来办理。

（3）超限、笨重货物运输。超限笨重货物、家具和搬家货物的运输由于对运送条件、装运工具等都有特殊要求，需要作为特种货物运输办理。为开发这方面的业务应拥有相应的专业运输人员，建立相应的工作制度。

（4）工厂或成套设备承包运输。工厂或成套设备承包运输是指联运服务公司对由各地区供应的新建工厂全部设备或改建、扩建工厂的某方面成套设备的系统承包运输。开展这一运输承包业务时，厂方作为一项运输任务，与联运服务公司签订一个运输合同，协商确定一项总的运输费用。承包的联运服务公司根据运输合同要求，组织联运业务网内各地区联运服务公司，共同完成任务，并按完成运输量大小划分运输收入。

开发工厂或成套设备承包运输的条件，一是联运服务公司必须建立健全的经济发展网，保证经济情报来源可靠、及时；二是联运服务公司必须具有既精通运输业务，又具备必要的商业、工业机械设备知识的揽货专业人员；三是在供货地区内具有健全的联运业务网和联运业务网内的通信网。

（5）仓库保管。联运服务公司的仓库保管业务相当于仓储公司或储运公司的业务，也是联运服务公司（尤其是地处仓储或储运设施还不发达的地区的联运服务公司）可以开展、且大有发展前途的业务。在这种情况下，联运服务公司必须具有足够数量的仓储设备和相应的仓库保管业务人员。

（6）货物包装。货物包装在这里是指货物的运输包装，它应根据货物特征、运输条件、运输工具和运输距离进行设计（包括外形、包装材料、加固等）。因此，货物包装也是一项专业性很强的工作。联运服务公司开发货物包装业务通常应建立具有一定专职人员的专门业务单位。

3. 我国联运服务公司办理货物联运业务程序

（1）货主（发货人）提出发货委托书（通过电话委托或通过邮件书面委托）或亲自登门办理货物托运手续。

（2）联运服务公司根据货主委托书，在规定的时间、地点派车取货或由货主亲自送货，货物在联运服务公司仓库集结。

（3）联运服务公司办理货物票据手续及核收运杂费。

（4）根据货主规定的发货日期（或对到货日期的要求）向运输企业托运，组织货物始发装运，运输工具的选择和运输线路的安排由联运服务公司负责。

（5）在不同运输工具的衔接点办理货物中转业务。

（6）办理货物到达票据手续和到达杂费结算。

（7）联运服务公司根据货主（收货人）指定的时间、地点派车送货或由货主亲自取货。

第二节 国际多式联运

国际多式联运是以集装箱为运输单元，将不同的运输方式有机地组合在一起，构成连续的、综合性的一体化货物运输。通过一次托运、一次计费、一份单证、一次保险，由各运输区段的承运人共同完成货物的全程运输，即将货物的全程运输作为一个完整的单一运输过程来安排。

一、国际多式联运概况

国际多式联运又称国际复合运输或国际综合一贯制运输，是国际间多种运输形式的联合运输。这是在集装箱运输基础上发展起来的更先进的运输组织形式。这种运输方式是采用一张国际多式联运合同，由一个总承运人负责全程的承运并直接对货主负责，组织两种以上的不同运输方式，跨国界进行联合运输。它通过采用海、陆、空等两种以上的运输手段，完成国际间的连贯货物运输，从而打破了过去海、铁、公、空等单一运输方式互不连贯的传统做法。如今，提供优质的国际多式联运服务已成为集装箱运输经营人增强竞争力的重要手段。

国际多式联运是一种以实现货物整体运输的最优化效益为目标的联运组织形式。然而，它与传统的单一运输方式又有很大的不同。

二、国际多式联运的特点

由多式联运经营人按照多式联运合同，以至少两种不同的运输方式，由多式联运经营人将货物从一国境内接管货物的地点运至另一国境内指定的交付货物的地点的一种运输方式。

多式联运经营人指本人或通过其代表与发货人订立多式联运合同的任何人，他是事主，而不是发货人的代理人或代表或参加多式联运的承运人的代理人或代表，并且负有履行合同的责任。

多式联运经营人可以分为两种：一种为有船承运人为多式联运经营人，另一种为无船承运人为多式联运经营人。两者之间的区别见表7—2—1。

表7—2—1 多式联运经营人

经营人	运输工具	可否委托给承运人	是否对货主负责
有船经营人	船舶	可以	是
无船经营人	具有除船舶以外一定的运输工具	可以	是

前者在接收货物后，不但要负责海上运输，还须安排汽车、火车与飞机的运输。无船经营人不拥有船舶，通常是内陆运输承运人、仓储业者或其他从事陆上货物运输中某一环节的人。

国际多式联运是今后国际运输发展的方向，这是因为，开展国际集装箱多式联运具有许多优越性，主要表现在以下几个方面：

1. 简化托运、结算及理赔手续，节省人力、物力和有关费用。

2. 缩短货物运输时间，减少库存，降低货损货差事故，提高货运质量。

3. 降低运输成本，节省各种支出。

4. 提高运输管理水平，实现运输合理化。

除以上优点外，发展国际多式联运有利于加强政府部门对整个货物运输链的监督与管理；保证本国在整个货物运输过程中获得较大的运费收入分配比例；有助于引进新的先进运输技术；减少外汇支出；改善本国基础设施的利用状况；通过国家的宏观调控与指导职能保证使用对环境破坏最小的运输方式达到保护本国生态环境的目的。

三、国际多式联运的形式

1. 海陆联运

海陆联运是国际多式联运的主要组织形式，也是远东/欧洲多式联运的主要组织形式之一。目前组织和经营远东/欧洲海陆联运业务的主要有班轮公会的三联集团，北荷、冠航和丹麦的马士基等国际航运公司，以及非班轮公会的中国远洋运输公司和德国那亚航运公司等。这种组织形式以航运公司为主体，签发联运提单，与航线两端的内陆运输部门开展联运业务，与大陆桥运输展开竞争。

2. 陆桥运输

在国际多式联运中，陆桥运输起着非常重要的作用。它是远东/欧洲国际多式联运的主要形式。所谓“陆桥运输”是指采用集装箱专用列车或卡车，把横贯大陆的铁路或公路作为中间“桥梁”，使大陆两端的集装箱海运航线与专用列车或卡车连接起来的一种连贯运输方式。严格地讲，陆桥运输也是一种海陆联运形式。只是因为其在国际多式联运中的独特地位，故在此将其单独作为一种运输组织形式。

（1）大陆桥运输。大陆桥运输是指采用集装箱专用列车，把大陆当成连接两端海运的桥梁，采用这样的运输方式，使集装箱船和专用列车结合起来，达到迅速运输和降低成本的目的。

1）西伯利亚大陆桥。西伯利亚大陆桥是指使用国际标准集装箱，将货物由远东海运到俄罗斯东部港口，再经跨越欧亚大陆的西伯利亚铁路运至波罗的海沿岸，例如，爱沙尼亚的塔林或拉脱维亚的里加等港口，然后再采用铁路、公路或海运运到欧洲各地的国际多式联运的运输线路。

西伯利亚大陆桥是目前世界上最长的一条陆桥运输线。它大大缩短了从日本、远东、东南亚及大洋洲到欧洲的运输距离，并因此而节省了运输时间。从远东经俄罗斯太平洋沿岸港口去欧洲的陆桥运输线全长 13 000 km。而相应的全程水路运输距离（经苏伊士运河）约为 20 000 km。从日本横滨到欧洲鹿特丹，采用陆桥运输不仅可使运距缩短 1/3，运输时间也可节省 1/2。此外，在一般情况下，运输费用还可节省 20%～30%左右，因而对货主有很大的吸引力。

2）新欧亚大陆桥。新欧亚大陆桥于 1992 年投入运营，它东起我国连云港，经陇海线、兰新线，接北疆铁路，出阿拉山口，最终抵达荷兰鹿特丹、阿姆斯特丹等西欧主要港口，横跨亚欧两大洲，连通太平洋和大西洋。在中国境内 4 131 km，全长 10 800 km，比西伯利亚大陆桥缩短 2 000 km，节约运费约 30%，与海运相比，可节约运输费用 60%左右。对贯通亚欧有非常重大意义，而且对我国西部地区大开发也是非常重要的一条通道。

亚太地区运往欧洲、中近东地区的货物可经海运至中国连云港上桥，出中国西部边境站阿拉山口后，进入哈萨克斯坦国境内边境站德鲁日巴换装，经独联体铁路运至其边境站、港，再通过铁路、公路、海运继运至西欧、东欧、北欧和中近东各国。而欧洲、中近东各国运往亚太地区的货物，则可经独联体铁路进入中国西部边境站阿拉山口换装，经中国铁路运至连云港后，再转船运至日本、韩国、中国香港、中国台湾和菲律宾、新加坡、泰国、马来西亚等国和地区。

3）北美大陆桥。北美大陆桥是指利用北美的大铁路从远东到欧洲的“海陆海”联运。该陆桥运输包括美国大陆桥运输和加拿大大陆桥运输。它是世界上第一条大陆桥。美国大陆桥有两条运输线路：一条是从西部太平洋沿岸至东部大西洋沿岸的铁路和公路运输线；另一条是从西部太平洋沿岸至东南部墨西哥湾沿岸的铁路和公路运输线。美国大陆桥于 1971 年年底由经营远东/欧洲航线的船公司和铁路承运人联合开办“海陆海”多式联运线，后来美国几家班轮公司也投入营运。目前，主要有四个集团经营远东经美国大陆桥至欧洲的国际多式联运业务。这些集团均以经营人的身份，签发多式联运单证，对全程运输负责。加拿大大陆桥与美国大陆桥相似，由船公司把货物海运至温哥华，经铁路运到蒙特利尔或哈利法克斯，再与大西洋海运相接。

（2）其他陆桥运输形式。北美地区的陆桥运输不仅包括上述大陆桥运输，而且还包括小陆桥运输和微型陆桥运输等运输组织形式。

1）小陆桥运输。指货物用国际标准规格集装箱为容器，从日本港口海运至美国、加拿大西部港口卸下，再由西部港口换装铁路集装箱专列或汽车运至北美东海岸和加勒比海区域以及相反方向的运输。

小陆桥运输从运输组织方式上看与大陆桥运输并无大的区别，只是其运送的货物的目的地为沿海港口。目前，北美小陆桥运送的主要是日本经北美太平洋沿岸到大西洋沿岸和墨西哥湾地区港口的集装箱货物。

2）微型陆桥运输。日本到美国内陆地区的货物，在西海岸港口上陆后，直接由陆上运输运到美国内陆地区的城市。这样就可免去收货人到港口去办理报关、提货等进口手续，方便了货主，这便是微型陆桥运输。微型陆桥运输与小陆桥运输基本相似，只是其交货地点在内陆地区。这种运输方式主要是北美微桥运输。北美微型陆桥运输是指经北美东、西海岸及墨西哥湾沿岸港口到美国、加拿大内陆地区的联运服务。

3）半陆桥运输。从东南亚各国到西亚的货物，利用东印度的加尔各答到西印度孟买的铁路为陆桥的运输，这条集装箱海陆联运线，可以节约绕道印度半岛的航程，由于其运输路线短，又是通过印度半岛的，所以称它为“半陆桥运输”。

4）内陆公共点运输。可享有优惠费率通过陆上运输可抵达的区域。从美国的北达科他州、南达科他州、内布拉斯加州、科罗拉多州、新墨西哥州起以东的地区均属 OCP 地区，所有经美国西海岸运往这些地区（或反向）的货物，称 OCP 地区货物，并享有 OCP 运输的优惠费率。所谓 OCP 费率是太平洋航运公会为争取运往美国内陆地区的货物，途经美国西海岸转运而制定的一个较直达美国东海岸更低的费率。

5）内陆公共点多式联运。一种运输方式、运输途径、运输经营人的责任和风险完全与小陆桥运输相同，但集装箱货物运抵内陆主要城市的完整的多式联运。

国际贸易货物使用大陆桥运输具有运费低廉、运输时间短、货损货差率小，手续简便等特点，大陆桥运输是一种经济、迅速、高效的现代化的运输方式。

3. 海空联运

与传统的海运相比，航空货运是新兴的货物运输方式，它具有快速方便等十分明显的优势，并已经成为运输业新的经济增长点。然而，航空货运每千克几十元甚至几百元的运价则并非是每位货主所愿意承担的。目前作为多式联运之一的海空联运，结合了海运和空运的优点，充分利用了海运的经济性与空运的快捷性，正成为一种具有广泛发展潜力的新的多式联运形式。

开展海空联合运输的主要目的在于削减在库费用和运输费用。在库存费用或时间成本方面，海空联合运输要大大低于单纯的海上运输。这种运输时间的缩短必然产生在库时间的缩短，其结果削减了在库费用。总的来讲，运输距离越远，采用海空联运的优越性就越大，因为同完全采用海运相比，其运输时间更短。同直接采用空运相比，其费率更低。因此，从远东出发将欧洲、中南美以及非洲作为海空联运的主要市场是合适的。

三、国际多式联运的实施条件

1. 必须具有一个多式联运合同，及一份全程的多式联运单据

多式联运合同由发货人及多式联运经营人协商订立，以书面形式明确双方的权利、义务的证明。

多式联运单据是由联运人在接管货物时签发给发货人，它是证明多式联运合同以及证明多式联运经营人接管货物并负责按照合同条款交付货物的单据。按照发货人的选择，多式联运单据可以做成可转让的单据，也可以做成不可转让的单据。签发不可转让的多式联运单据时，应指明记名的收货人。

2. 发货人必须提供货物、交付运费，联运人在交货地点接收货物

发货人向联运人提供货物，并准确无误地告之货物的种类、标志、件数、重量和数量。如果是危险货物，发货人在交付给多式联运经营人或其他代表时，应告诉货物的危险特性，必要时告知应采取的预防措施。

3. 联运经营人必须对多式联运负责

国际多式联运的经营人是国际多式联运的组织者和主要承担者，以事主身份从事这一经营，经营人依靠自己的经营网络和信息网络，依靠本身的资信从事这一业务，也可以是货主、各运输方以外的第三者，或者是铁路、公路等运输公司充当经营人。

联运经营人是发货人的代理人或代表，也是参与多式联运的承运人的代理人或代表，他对整个联运期间负责。在联运人接管货物后，不论货物在哪一个运输阶段发生灭失或损坏，联运人都要直接承担赔偿责任，而不能借口已把全程的某一个运输阶段委托给其他运输分包人而不负责任。

4. 必须使用一份全程多式联运单证

该单证应满足不同运输方式的需要，并按单一运费率计收全程运费。

5. 必须是至少两种不同运输方式的连续运输（略）。

6. 必须是国际间的货物运输

这不仅是区别于国内货物运输，主要是涉及国际运输法规的适用问题。必须由一个多式联运经营人对货物运输的全程负责。该多式联运经营人不仅是订立多式联运合同的当事人，也是多式联运单证的签发人。当然，在多式联运经营人履行多式联运合同所规定的运输责任的同时，可将全部或部分运输委托他人（分承运人）完成，并订立分运合同。但分运合同的承运人与托运人之间不存在任何合同关系。

?思考与练习

1. 简述国内水陆货物联运的概况。
2. 简述国际多式联运的形式、内容和特点。
3. 简述国际铁路联运的特点。
4. 什么是大陆桥运输？有哪几条运输路线？它们各有何优缺点。
5. 目前，国际海空联运主要有哪几条路线？
6. 请分别说出国际铁路联运出口和进口货物运输的程序。

第八章

运输合同与纠纷处理

第一节 运输合同

《中华人民共和国合同法》中所称的“合同”，是指平等主体的自然人、法人、其他组织之间设立、变更、终止民事权利义务关系的协议。

一、运输合同的含义

“运输合同”是承运人将旅客或者货物从起运点运输到约定地点，旅客、托运人或者收货人支付票款或者运输费用的合同。运输合同的承运人必须是经营运输业务的人，既可以是公民，也可以是法人。

运输合同的双方当事人是承运人和旅客或托运人。运输合同是双务合同，当事人一方是享有收取运费或者票款权利并承担运送义务的承运人，另一方是享有被运送的权利并承担支付运费或票款义务的旅客或托运人。在运输合同中，承运人作为一方当事人，可以是一人或数人，如在多式联运合同中有多式联运经营人和各区段承运人。托运人是指与承运人订立货物运输合同的一方当事人。在旅客运输合同中，旅客具有双重身份，既是运输合同的另一方当事人，又是运输合同权利义务所指向的对象。

二、运输合同的分类

对货物运输合同，可按不同标准划分为不同类型：

1. 按所运货物不同，可分为普通货物运输合同、危险货物运输合同与鲜活货物运输合同。

2. 按运输过程中运输部门是否有协作关系，可分为一般货物运输合同与联运货物运输合同。

3. 按运输方式的不同可分为：铁路货物运输合同，公路货物运输合同，水路货物运输合同，航空货物运输合同与管道货物运输合同。这是最常见的划分货物运输合同的标准，下面简单介绍铁路货物运输合同与水路货物运输合同：

（1）铁路货物运输合同，是指铁路货物运输的托运人与经营铁路运输的国营企业签订明确双方权利义务关系的货物运输的协议。承运方由从事铁路运输的国营企业担任。

（2）水路货物运输合同是指在水路货运中，承运人与托运人为确定双方权利义务关系而签订的协议。水路货物运输合同的主要内容是承运人应使用自己的船舶，通过国家确定的航线把托运人的货物运到一定地点，交付给收货人，而托运人应支付承运人规定的运费。

以上各类货物运输合同虽各具特色，但合同的订立、履行，合同的变更与解除，双方当事人主要的权利、义务与责任，以及为社会主义社会的生产和为市场经济服务的目的等内容，却是相同的。

目前，我国调整货物运输合同关系的法律，除《中华人民共和国合同法》外，还有《铁路货物运输合同实施细则》《公路货物运输合同实施细则》《水路货物运输合同实施细则》《航空货物运输合同实施细则》以及铁路、汽车和水路的货物运输等法规、规章。它们规定了货物运输合同的基本原则，当事人的权利、义务及违约责任，可以有效地保护当事人的合法权益。

三、物流运输合同的特点

货物运输合同除具有合同普遍的法律特征外，还具有自身特征：

1. 物流运输合同属于提供劳务的合同。
2. 物流运输合同大多是格式合同。
3. 物流运输合同的当事人往往涉及第三者。
4. 物流运输合同大多属于诺成合同。
5. 物流运输合同可以采用留置的方式担保。

四、运输合同当事人的权利和义务

1. 托运人的主要权利与义务

托运人的主要权利包括：要求承运人按合同约定的时间安全运输到约定的地点；在承运人将货物交付收货人前，托运人可以请求承运人中止运输、返还货物、变更到货地点或将货物交给其他收货人，但由此给承运人造成的损失应予赔偿。

托运人的主要义务包括：如实申报货运基本情况的义务；办理有关手续的义务；包装货物的义务；支付运费和其他有关费用的义务。

2. 承运人的主要权利与义务

承运人的主要权利包括：收取运费及符合规定的其他费用；对逾期提货的，承运人有权收取逾期提货的保管费，对收货人不明或收货人拒绝受领货物的，承运人可以提存货物，不适合提存货物的，可以拍卖货物提存价款；对不支付运费、保管费及其他有关费用的，承运人可以对相应的运输货物享有留置权。

承运人的主要义务包括：按合同约定调配适当的运输工具和设备，接收承运的货物，按期将货物运到指定的地点；从接收货物时起至交付收货人之前，负有安全运输和妥善保管的义务；货物运到指定地点后，应及时通知收货人收货。

3. 收货人的主要权利与义务

收货人的主要权利包括：承运人将货物运到指定地点后，持凭证领取货物的权利；在发现货物短少或灭失时，有请求承运人赔偿的权利。收货人的主要义务是：检验货物的义务；及时提货的义务；支付托运人少交或未交的运费或其他费用的义务。

五、运输合同的订立原则

货运合同的签订是指承托双方经过协商后用书面形式签订的有效合同。其签订的基本原则如下：

1. 合法规范的原则

所谓合法规范，是指签订运输合同的内容和程序必须符合法律的要求。只有合法规范的运输合同才能得到国家的承认，才具有法律效力，当事人的权益才能得到保护，达到签订运输合同的目的。

2. 平等互利的原则

不论企业大小，所有制性质是否相同，在签订运输合同中承托双方当事人的法律地位一律平等；在合同内容上，双方的权利义务必须对等。

3. 协商一致的原则

合同是双方的法律行为，双方意愿经过协商达到一致，彼此均不得把自己的意志强加于对方。任何其他单位和个人不得非法干预。

4. 等价有偿原则

合同当事人都享有同等的权利和义务，每一方从对方得到利益时，都要付给对方相应的代价，不能只享受权利而不承担义务。

六、物流运输合同的订立与履行

1. 物流运输合同订立的程序

（1）要约。“要约”是希望和他人订立合同的意思表示。即合同当事人的一方提出签订合同的提议，提议的内容包括订立合同愿望、合同的内容和主要条款，一般由托运方提出。

1）要约具有明确的订立合同的意图。

2）要约应当向特定的相对人发出。

3）要约的内容必须具体确定。

（2）承诺——“接受”。“承诺”是受要约人同意要约的意思表示。即承运人接受或受理托运人的提议，对托运人提出的全部内容和条款表示同意受要约人无条件地接受。

1）托运人应按合同规定的时间准备好货物，及时发货、收货，装卸地点应具备正常通车条件，按规定做好货物包装和储运标志。

2）承运人应按合同规定的运输期限、货物数量和起止地点，组织运输，完成任务，实行责任运输，保证运输质量。在货物装卸和运输过程中，承托双方应办理货物交接手续，做到责任分明，并分别在发货单和运费结算凭证上签字。

七、运输合同的签订流程

1. 确定合同双方的身份

（1）明确签订合同双方的身份，即承运人和托运人。

（2）托运人（甲方）向承运人说明货物的接收方，并且在合同上填写清楚。

（3）承运人（乙方）核实托运人填写的货物接收方是否符合要求。

2. 确定运输的起止点

（1）托运人（甲方）确定运输的起点和目的地。

（2）核实托运人的起止点是否完整、准确。

3. 确定运输接收方式

双方同时确定货物的接收方式。

4. 确定货物的种类和数量

（1）托运人（甲方）在运输合同上填写货物的种类及数量。

（2）承运人（乙方）向托运人核实货物的种类及数量。

5. 确定运费及结算方式

（1）托运人（甲方）核对运费及运费结算时间、方式。

（2）承运人（乙方）计算运费，确定运费结算时间、方式。

6. 确定双方的权利和义务

共同确定合同双方的权利和义务。

7. 确定违约责任

共同确定双方的违约责任、处罚形式及罚金数额。

8. 确定免责条款

共同签订双方的免责条款。

9. 争议解决方式的选择

共同确定双方争议的解决方式。

10. 拟订合同，签字盖章

双方拟订合同并签字盖章。

八、运输合同变更和解除

1. 运输合同变更和解除的含义

指在合同尚未履行或者没有完全履行的情况下，遇特殊情况而使合同不能履行，或者需要变更时，经双方协商同意，并在合同的变更、解除期限，办理变更或解除。任何一方不得单方擅自变更、解除双方签订的运输合同。

2. 运输合同变更和解除的条件

凡发生下列情况之一者，允许变更和解除：

（1）由于不可抗力使运输合同无法履行。

（2）由于合同当事人一方的原因，在合同约定的期限内确实无法履行运输合同。

（3）合同当事人违约，使合同的履行成为不可能或不必要。

（4）经合同当事人双方协商同意解除或变更，但承运人提出解除运输合同的，应退还已收的运费。

九、运输责任划分

1. 承运人责任

承运人责任是指承运人未按约定的期限将货物运达，应负违约责任；因承运人责任将货物错送或错交，应将货物无偿运到指定的地点，交给指定的收货人。

由于承运人的过错使运输合同不能履行或不能完全履行所承担的违约责任主要有以下类别：

（1）逾期送达责任；

（2）错运错交责任；

（3）超出合同规定的货损货差责任；

（4）导致损失的故意行为责任。

承运人的免责条件：

以下原因造成的损失，承运人可以免责：

（1）不可抗力；

（2）货物本身的自然性质变化或者合理损耗；

（3）托运人或收货人过错造成的货物毁损或灭失。

2. 托运人责任

托运人责任是指托运人未按合同规定的时间和要求，备好货物和提供装卸条件，以及货物运达后无人收货或拒绝收货，而造成承运人车辆放空、延滞及其他损失，托运人应负赔偿责任。

（1）违规夹藏；

（2）错报匿报；

（3）包装不符合标准；

（4）其他托运人责任；

（5）收货人的责任。

收货人未按规定期限领取货物的，应向承运人支付逾期保管费。

货物交付验收时，未按规定提出异议的，视为货运合同履行完毕，责任自负。

接收货物过程中，由于收货人的过错，致使承运人运输工具、设备或者第三人的货物损坏的，由收货人按实际损失赔偿。

3. 其他相关责任

（1）货运代理以承运人身份签署运单时，应承担承运人责任，以托运人身份托运货物时，应承担托运人的责任。

（2）搬运装卸作业中，因搬运装卸人员过错造成货物毁损或灭失，站场经营人或搬运装卸经营者应负赔偿责任。

十、常用的运输合同范例

1. 公路运输合同

【范例 1】

公路运输合同

托运方：____

地址：____________ 邮政编码：____________ 电话：____________

法定代表人：____________ 职务：____________

承运方：____

地址：____________ 邮政编码：____________ 电话：____________

法定代表人：____________ 职务：____________

根据国家有关运输规定，经过双方充分协商，特订立本合同，以便双方共同遵守。

第一条 货物名称、规格、数量、价款

第二条 包装要求

托运方必须按照国家主管机关规定的标准包装；没有统一规定包装标准的，应根据保证货物运输安全的原则进行包装，否则承运方有权拒绝承运。

第三条　货物起运地点和货物到达地点

第四条　货物承运日期和货物运到期限

第五条　运输质量及安全要求

第六条　货物装卸责任和方法

第七条　收货人领取货物及验收办法

第八条　运输费用、结算方式

第九条　各方的权利义务

一、托运方的权利义务

1. 托运方的权利

要求承运方按照合同规定的时间、地点、把货物运输到目的地。货物托运后，托运方需要变更到货地点或收货人，或者取消托运时，有权向承运方提出变更合同的内容或解除合同的要求。但必须在货物未运到目的地之前通知承运方，并应按有关规定付给承运方所需费用。

2. 托运方的义务

按约定向承运方交付运杂费。否则，承运方有权停止运输，并要求对方支付违约金。托运方对托运的货物，应按照规定的标准进行包装，遵守有关危险品运输的规定，按照合同中规定的时间和数量交付托运货物。

二、承运方的权利义务

1. 承运方的权利

向托运方、收货方收取运杂费用。如果收货方不交或不按时交纳规定的各种运杂费用，承运方对其货物有扣压权。查不到收货人或收货人拒绝提取货物，承运方应及时与托运方联系，在规定期限内负责保管并有权收取保管费用，对于超过规定期限仍无法交付的货物，承运方有权按有关规定予以处理。

2. 承运方的义务

在合同规定的期限内，将货物运到指定的地点，按时向收货人发出货物到达的通知。对托运的货物要负责安全，保证货物无短缺，无损坏，无人为的变质，如有上述问题，应承担赔偿义务。在货物到达以后，按规定的期限，负责保管。

三、收货人的权利义务

1. 收货人的权利

在货物运到指定地点后有以凭证领取货物的权利。必要时，收货人有权向到站，或中途货物所在站提出变更到站或变更收货人的要求，签订变更协议。

2. 收货人的义务

在接到提货通知后，按时提取货物，缴清应付费用。超过规定提货时，应向承运人交付保管费。

第十条　违约责任

一、托运方责任

1. 未按合同规定的时间和要求提供托运的货物，托运方应按其价值的____%偿付给承运方违约金。

2. 由于在普通货物中夹带、匿报危险货物，错报笨重货物重量等招致吊具断裂、货物摔损、吊机倾翻、爆炸、腐蚀等事故，托运方应承担赔偿责任。

3. 由于货物包装缺陷产生破损，致使其他货物或运输工具、机构设备被污染腐蚀、损坏，造成人身伤亡的，托运方应承担赔偿责任。

4. 在托运方专用线或在港、站公用线、专用线自装的货物，在到站卸货时，发现货物损坏、缺少，在车辆施封完好或无异状的情况下，托运方应赔偿收货人的损失。

5. 罐车发运货物，因未随车附带规格质量证明或化验报告，造成收货方无法卸货时，托运方应偿付承运方卸车等存费及违约金。

二、承运方责任

1. 不按合同规定的时间和要求配车、发运的，承运方应偿付甲方违约金____元。

2. 承运方如将货物错运到货地点或接货人，应无偿运至合同规定的到货地点或接货人。如果货物逾期到达，承运方应偿付逾期交货的违约金。

3. 运输过程中货物灭失、短少、变质、污染、损坏，承运方应按货物的实际损失（包括包装费、运杂费）赔偿托运方。

4. 联运的货物发生灭失、短少、变质、污染、损坏，应由承运方承担赔偿责任的，由终点阶段的承运方向负有责任的其他承运方追偿。

5. 在符合法律和合同规定条件下的运输，由于下列原因造成货物灭失、短少、变质、污染、损坏的，承运方不承担违约责任：

（1）不可抗力；

（2）货物本身的自然属性；

（3）货物的合理损耗；

（4）托运方或收货方本身的过错。

本合同正本一式两份，合同双方各执一份；合同副本一式____份，送____等单位各留一份。

托运方：____

代表人：____________

____年____月____日

承运方：____

代表人：____________

____年____月____日

2. 水路运输合同

【范例2】

水路运输合同

甲方：____

地址：____________ 邮政编码：____________ 电话：____________

法定代表人：____________ 职务：____________

乙方：____

地址：____________ 邮政编码：____________ 电话：____________

法定代表人：____________ 职务：____________

根据《中华人民共和国合同法》和海上运输管理规定的要求，________（简称甲方）向________交通海运局（简称乙方），计划托运________货物，乙方同意承运，特签订本合同，共同遵守，互相制约，具体条款经双方协商如下：

一、运输方法

乙方调派____吨位船舶一艘（船舶吊装设备），应甲方要求由____港运至____港，按现行包船运输规定办理。

二、货物集中

甲方应按乙方指定时间，将____货物于____天内集中于____港，货物集齐后，乙方应在5天内派船装运。

三、装船时间

甲方联系到达港同意安排卸装后，经乙方落实并准备接收集货（开集日期由乙方指定）。装船作业时间，自船舶抵港已靠好码头时起于____小时内装完货物。

四、运到期限

船舶自装货完毕办好手续时起于____小时内将货物运到目的港。否则按有关规定承担滞延费用。

五、起航联系

乙方在船舶装货完毕起航后，即发报通知甲方做好卸货准备。如需领航时也通知甲方按时派引航员领航，费用由____方负担。

六、卸船时间

甲方保证乙方船舶抵达____港锚地，自下锚时起于____小时内将货卸完。否则甲方按超过时间向乙方交付滞延金每吨时____元，在装卸货过程中，因天气影响装卸作业的时间，经甲方与乙方船舶签证，可按实际影响时间扣除。

七、运输质量

乙方装船时，甲方应派员监装，指导工作照章操作，装完船封好舱，甲方可派押运员（免费一人）随船押运。乙方保证原装原运，除因船舶安全条件所发生的损失外，对于运送货物的数量和质量均由甲方自行负责。

八、运输费用

按国家规定水运货物一级运价率以船舶载重吨位计货物运费____元，空驶费按运费的50%计____，全船运费为____元，一次计收。

九、费用结算

本合同经双方签字后，甲方应先付给乙方预付运输费用____元。乙方在船舶卸完后，以运输费用凭据与甲方一次结算，多退少补。

十、附则

本合同甲、乙双方各执正本一份，副本____份，并向工商行政管理局登记备案，如有未尽事宜，按照《中华人民共和国合同法》及国家的有关规定处理。

甲方：____________________________________

代表人：____________

____年____月____日

乙方：________________________________

代表人：__________

____年____月____日

3. 铁路运输合同

【范例3】

铁路运输合同

委托方（甲方）：________________________________

地址：____

运输方（乙方）：________________________________

地址：____

为确保甲方的__________能安全、快捷、准确地通过铁路运输，甲、乙双方本着真诚合作、互惠互利的精神，经友好协商，甲方同意将__________运输业务交由乙方承运，并签订本合同。

一、甲方的责任及义务

1. 甲方依约向乙方支付运费。

2. 甲方负责发货地点、交货地点货物的装卸。

3. 甲方提供货物运输途中需要的相关证明文件。

4. 甲方委派专人负责相关业务协调，便于与乙方联系、沟通，解决日常往来业务问题。

二、乙方的责任及义务

1. 乙方必须按甲方的指令要求到指定的地点装货，并及时地送货到指定的收货地址。

2. 乙方须满足甲方提出的运输计划，并按甲方的时间要求准时把货物送抵目的地。

3. 乙方将货物送达目的地后，必须将产品送货单交收货方进行签收。

4. 如因政策性原因导致铁路出现停装、限装等情况，乙方应当及时通知甲方并提供相关证明材料。

5. 乙方须书面委托一至两名业务代表负责与甲方业务的协调，保证日常的联系、沟通，出现问题及时解决。

三、运输区间及运输价格

1. 运输区间为__________________至__________________，共计____km。

2. 每吨每公里运输价格暂定为____元。

3. 在合同规定期限内，乙方有权根据市场价格变动对运价进行调整。

四、毁损、灭失风险的承担

乙方承担全部货物装车完毕至全部货物卸车完毕期间的毁损、灭失风险。如果甲方对于货物运输提出特殊要求（比如延期送达、提前送达等），则因特殊要求增加的风险由甲方自行承担。

五、铁路货运事故的处理及保险

1. 货物的运输保险由____负责，保险索赔具体事宜由____负责。

2. 铁路运输的手续由乙方负责。

3. 在运费结算时乙方必须对运输途中造成的短少、货损等在途损失（非因甲方原因造成）按照甲方出厂价进行赔偿。

4. 对于重大事故（如整车丢失、损坏等）造成的损失（非因甲方原因），乙方必须在定损后____周内以现金的方式进行赔付。

六、费用结算方式

1. 乙方凭收货方签收的产品送货单，按合同约定的铁路运输价格向甲方申报结算运费。

2. 甲方根据验货记录原件及时向乙方支付运费。

3. 甲方用____________形式向乙方支付费用。

七、履约保证金的收取及违约责任

1. 在合同签订后的____天内，甲方必须向乙方支付履约保证金（小写____元）。

2. 在合同有效期内，如甲方擅自单方提出终止合同时，乙方将不予返还保证金。

3. 如合同有未尽事宜，经双方协商解决，协商不成，由____所在地人民法院裁决。

八、合同期限及续约

1. 本合同期限为______年，自第一次装车之日起算。

2. 双方可于本合同到期日前一个月进行续签。

九、不可抗力

1. 因为政府政策性因素、战争因素、重大自然灾害因素等不可预见、不可避免的不可抗力因素致使合同无法履行的，双方互不担责。

2. 发生不可抗力的一方应及时采取有效措施避免损失扩大并在__________内通知对方；如果未采取有效措施及通知对方，对于多造成的损失不能免责。

3. 待不可抗力因素消失后，双方应继续履行合同，合同期限自动向后顺延。顺延的期间等同于因不可抗力所耽误的期间。

十、合同的解除

1. 本合同经甲乙双方协商一致可以解除。

2. 单方擅自解除合同将被视为违约，必须承担违约责任。

3. 一方严重违约致使合同不能履行或违约后经催告仍不改正的，另一方可以书面通知解除合同，并要求对方承担违约责任。

十一、其他

本合同一式____份，甲、乙双方各执____份；具有同等效力。

甲方：　　　　　　　　　　　　　　乙方：

代表：　　　　　　　　　　　　　　代表：

年　　月　　日　　　　　　　　　　年　　月　　日

4. 航空运输合同

【范例 4】

航空运输合同

托运人：____

地址：____________　邮政编码：____________　电话：____________

法定代表人：____________ 职务：____________

承运人：____

地址：____________ 邮政编码：____________ 电话：____________

法定代表人：____________ 职务：____________

第一条 托运人于____月____日起需用____型飞机____架次运送____（货物名称），航程如下：____

运输费用总计人民币____元。

第二条 根据飞机航程及经停站，可供托运人使用的载量为____千克（内含客座）。如因天气或其他特殊原因需增加空勤人员或燃油时，载量照减。

第三条 飞机吨位如托运人未充分利用，民航可以利用空余吨位。

第四条 承运人除因气象、政府禁令等原因外，应依期飞行。

第五条 托运人签订本合同后要求取消飞机班次，应交付退机费____元。如托运人退机前承运人为执行本合同已发生调机费用，应由托运人负责交付此项费用。

第六条 托运方负责所运货物的包装。运输中如因包装不善造成货物损毁，由托运方自行负责。

第七条 运输货物的保险费由承运方负担。货物因承运方问题所造成的损失，由承运方赔偿。

第八条 在执行合同的飞行途中，托运人如要求停留，应按规定交纳留机费。

第九条 本合同如有其他未尽事宜，应由双方共同协商解决。凡涉及航空运输规则规定的问题，按运输规则办理。

托运人：____

代表人：____________

____年____月____日

承运人：____

代表人：____________

____年____月____日

【范例5】

包机运输合同

包机人：____

地址：____________ 邮政编码：____________ 电话：____________

法定代表人：____________ 职务：____________

承运人：____

地址：____________ 邮政编码：____________ 电话：____________

法定代表人：____________ 职务：____________

1. 包机人于____年____月____日起包用____型飞机____架次担任（旅客、货物、客货）包机运输，其航程如下：

____

包机费总计人民币____元。

2. 根据包机航程及经停站，可供包机人使用的最大载量为____千克（内含客座）。如因天气或其他特殊原因需增加空勤人员或燃油时，载量照减。

3. 包机吨位如包机人未充分利用时，空余吨位得由民航利用；包机人不能利用空余吨位载运非本单位的客货。

4. 承运人除因气象、政府禁令等原因外，应依期飞行。

5. 包机人签订本协议书后要求取消包机，应交付退包费____元。如在包机人退包前，承运人为执行本合同已发生调机等费用时，应由包机人负责交付此项费用。

6. 在执行本合同的飞行途中，包机人要求停留应按规定交纳留机费。

7. 其他未尽事项按承运人客货运输规则办理。

包机人：________________________________

代表人：____________

____年____月____日

承运人：________________________________

代表人：____________

____年____月____日

第二节　运输事故纠纷处理

货运事故发生后，处理单位通知有关各方组织调查分析，确定货物损失事故原因和事故责任单位，并根据有关规定做出赔偿处理。

一、运输事故处理具体规定

货运事故处理过程中，收货人不得扣留车辆，承运人不得扣留货物。由于扣留车、货而造成的损失，由扣留方负责赔偿。货运事故处理程序：

（1）货运事故发生后，承运人应及时通知收货人或托运人。

（2）当事人要求另一方当事人赔偿时，须提出赔偿要求书，并附相关文件。

（3）承运人或托运人发生违约行为，应向对方支付违约金。

（4）赔偿时效从收货人、托运人得知货运事故信息或签注货运事故记录次日起计算。

二、货运事故赔偿

1. 货运事故发生后处理

收货人、托运人知道发生货运事故后，应在约定的时间内，与承运人签注货运事故记录。收货人、托运人在约定的时间内不与承运人签注货运事故记录的，或者无法找到收货人、托运人的，承运人可邀请2名以上无利害关系的人签注货运事故记录。货物赔偿时效从收货人、托运人得知货运事故信息或签注货运事故记录的次日起计算。在约定运达时间的30日后未收到货物，视为灭失，自31日起计算货物赔偿时效。未按约定的或规定的运输期限内运达交付的货物，为迟延交付。当事人要求另一方当事人赔偿时，须提出赔偿要求书，并附运单、货运事故记录和货物价格证明等文件。要求退还运费的，还应附运杂费收据。另一方当事人应在收到赔偿要求书的次日起，60日内作出答复。承运人或托运人发生违约行为，应向对方支付违约金。违约金的数额由承托双方约定。对承运人非故意行为造成货物迟延交付的赔偿金额，不得超过所迟延交付的货物全程运费数额。货物赔偿费一律以人民币支付。由托运人直接委托站场经营人装卸货物造成货物损坏的，由站场经营人负责赔偿；由承运人委托站场经营人组织装卸的，承运人应先向托运人赔偿，再向站场经营人追偿。承运人、托运人、收货人及有关方在履行运输合同或处理货运事故时，发生纠纷、争议，应及时协调解决或向县级以上人民政府交通主管部门申请调解；当事人不愿和解、调解或者和解、调解不成的，可依仲裁协议向仲裁机构申请仲裁；当事人没有订立仲裁协议或仲裁协议无效的，可以向人民法院起诉。

2. 货运事故赔偿类别

货运事故赔偿分限额赔偿和实际损失赔偿两种。

法律、行政法规对赔偿责任限额有规定的，依照其规定；尚未规定赔偿责任限额的，按货物的实际损失赔偿。在保价运输中，货物全部灭失，按货物保价声明价格赔偿；货物部分毁损或灭失，按实际损失赔偿；货物实际损失高于声明价格的，按声明价格赔偿；货物能修复的，按修理费加维修取送费赔偿。保险运输按投保人与保险公司商定的协议办理。未办理保价或保险运输的，且在货物运输合同中未约定赔偿责任的，按本条第一项的规定赔偿。货物损失赔偿费包括货物价格、运费和其他杂费。货物价格中未包括运杂费、包装费以及已付的税费时，应按承运货物的全部或短少部分的比例加算各项费用。货物毁损或灭失的赔偿额，当事人有约定的，按照其约定，没有约定或约定不明确的，可以补充协议，不能达成补充协议的，按照交付或应当交付时货物到达地的市场价格计算。由于承运人责任造成货物灭失或损失，以实物赔偿的，运费和杂费照收；按价赔偿的，退还已收的运费和杂费；被损货物尚能使用的，运费照收。丢失货物赔偿后，又被查回，应送还原主，收回赔偿金或实物；原主不愿接受失物或无法找到原主的，由承运人自行处理。承托双方对货物逾期到达，车辆延滞，装货落空都负有责任时，按各自责任所造成的损失相互赔偿。

三、货运合同争议的调解、仲裁和诉讼

货运合同争议的解决办法由当事人自行协商解决、调解、仲裁和诉讼。

当事人应当履行发生法律效力的判决、仲裁裁决、和解书；拒不履行的，对方可以请求人民法院执行。

我国解决运输纠纷一般有四种途径：当事人自行协商解决、调解、仲裁和诉讼。其中诉讼和仲裁是司法或准司法解决。运输纠纷出现后，大多数的情况下，纠纷双方会考虑到多年的良好的合作关系和商业因素，互相退一步，争取友好协商调解，在此基础上达成和解协议，解决纠纷。但还会有一部分纠纷经过双方较长时间协商，甚至在行业协会或其他组织介入调解的情况下还是无法解决，双方只能寻求司法或准司法的途径。

1. 仲裁

仲裁是一种重要的纠纷解决手段，主要分为两种：机构仲裁和临时仲裁。如果纠纷双方在纠纷发生后一致同意就该纠纷寻求仲裁，或在双方订立运输合同时已选择仲裁作为纠纷解决机制时，可以就该纠纷申请仲裁。仲裁申请人向约定的仲裁机构提出仲裁申请，并按仲裁规则指定一名或多名仲裁员，仲裁员应是与该行业有关的商业人士或专业人士，仲裁员根据

仲裁规则对该纠纷作出的裁决对双方都具有约束力，而且只要是仲裁过程符合仲裁规则，则该裁决是终局的。用仲裁解决纠纷，由于仲裁员具有该行业的专业知识、经验和相应的法律知识，因此所作出的裁决通常符合商业精神，而且仲裁速度较快，费用也比法院诉讼低。仲裁的主要问题包括仲裁协议的有效性、仲裁程序的合法性、仲裁的司法监督等。目前，我国有关仲裁的法律主要有1995年颁布的《中华人民共和国仲裁法》。

1959年，我国就成立了贸促会海事仲裁委员会，隶属于贸易促进委员会，作为一个民间机构处理海事仲裁案件。该机构1988年更名为中国海事仲裁委员会，是我国目前唯一的海事仲裁常设机构。

由于仲裁的裁决是终局的，因此根据仲裁裁决执行是解决纠纷的最后一步，而在我国进行仲裁作出的仲裁裁决的执行相对容易。比较复杂的是我国仲裁裁决在国外的执行和外国仲裁裁决在我国的执行。目前，关于仲裁裁决的国外执行有一个公约是1958年承认与执行外国仲裁裁决的公约——《纽约公约》。我国于1986年12月2日参加了该公约。这样，在我国和公约其他参加国之间的仲裁裁决的相互执行应依据公约的规定进行，在和没有加入公约的国家之间的裁决的执行，在我国是按对等原则进行。

2. 诉讼

如双方未对纠纷的解决方法进行约定，或事后无法达成一致的解决方法，则通过法院进行诉讼是解决纠纷最终的途径。各种运输纠纷可以按照我国的诉讼程序，由一方或双方向有管辖权的法院起诉，然后由法院根据适用法律和事实进行审理，最后作出判决。当然，如果某一方乃至双方对一审判决不服的，还可以根据诉讼法进行上诉、申诉等。通过法院解决纠纷，耗时且费钱。

为了更好地处理运输类纠纷，我国设立了专门受理海事纠纷的法院——海事法院，还颁布了专门适用于海事案件审理的程序法——《中华人民共和国海事诉讼特别程序法》。铁路运输的纠纷在我国也有专门的铁路运输法院受理和管辖。

四、运输合同中责任的划分

1. 承运人的责任期间

（1）海运运输承运人的责任期间。《中华人民共和国海商法》第46条规定了承运人的责任期间。集装箱装运的货物的责任期间是从装货港接收货物起至卸货港交付货物时止，货物在承运人掌管之下的全部期间。非集装箱装运的货物的责任期间是从货物装上船时起，至卸下船时止，货物处于承运人掌管之下的全部期间。

（2）公路运输承运人的责任期间。根据我国《汽车货物运输规则》，承运人的责任期间是指承运人自接受货物起至将货物交付收货人（包括按照国家有关规定移交给有关部门）止，货物处于承运人掌管之下的全部时间。

对于集装箱货物，我国《集装箱汽车运输规则》规定，承运人的集装箱整箱货物运输责任期，从收到整箱货物起，到运达目的地，整箱货物交付收货人止；集装箱拼箱货物运输责任期，从收到拼箱货物起，至运达目的地，拼箱货物交付收货人止。

（3）铁路运输承运人的责任期间。按国际货协运单承运货物的铁路，应负责完成货物的全程运送，直到在到站交付货物时为止。

参加运送国际联运货物的铁路，从承运货物时起至到站交付货物时为止，对货物运到逾期以及因货物全部或部分灭失、重量不足、毁损、腐坏或其他原因降低质量所发生的损失负责。

（4）航空运输承运人的责任期间。根据我国于1958年和1975年参加的《华沙公约》和《海牙议定书》的规定，航空运输承运人的责任期间，是指货物交由承运人保管的全部期间，“不论在航空站内、在航空器上或在航空站外降停的任何地点”。

（5）多式联运经营人的责任期间。《中华人民共和国海商法》规定，多式联运经营人对多式联运货物的责任期间，是从接收货物时起至交付货物时止。国际货物多式联运公约对多式联运经营人的责任期间也是一样的。

2. 承运人的免责事项

（1）海运承运人的免责事项

1）船长、船员、引航员或者承运人的其他受雇人在驾驶船舶或者管理船舶中的过失。

2）火灾，但是由于承运人本人的过失所造成的除外。

3）类似于“不可抗力”的免责。

4）基于货方原因的免责。

5）其他原因。

（2）公路运输承运人的免责事项。有下列情况之一者，承运人、站场经营人举证后可不负赔偿责任：

1）不可抗力。

2）货物本身的自然性质变化或者合理损耗。

3）包装内在缺陷，造成货物受损。

4）包装体外表面完好而内装货物毁损或灭失。

5）托运人违反国家有关法令，致使货物被有关部门查扣、弃置或做其他处理。

6）押运人员责任造成的货物毁损或灭失。

7）托运人或收货人过错造成的货物毁损或灭失。

（3）铁路运输承运人的免责事项。下列原因造成铁路运输承运人所承运的货物发生全部或部分灭失、重量不足、毁损、腐坏或降低质量，铁路不负责任：

1）由于铁路不能预防和不能消除的情况而造成的后果。

2）由于货物在发站承运时质量不符合要求或由于货物的特殊自然性质，以致引起自燃、损坏、生锈、内部腐坏和类似的后果。

3）由于发货人或收货人的过失或由于其要求而造成的后果。

4）由于发货人或收货人装车或卸车的原因而造成的后果。

5）由于发送铁路规章许可，使用敞车类货车运送货物而造成的后果。

6）由于发货人或收货人或他们委派的货物押运人未采取保证货物完整的必要措施而造成的后果。

7）由于容器或包装的缺陷，在承运货物时无法从其外表发现而造成的后果。

8）由于发货人用不正确、不确切或不完全的名称托运不准运送的物品而造成的后果。

9）由于发货人在托运应按特定条件承运的货物时，使用不正确、不确切或不完全的名称，或未遵守《国际铁路货物联运协定》的规定而造成的后果。

10）由于《国际铁路货物联运协定》规定的标准范围内的货物自然减量，以及由于运送中水分减少，或货物的其他自然性质，以致货物减量超过规定标准。

（4）航空运输承运人的免责。《中华人民共和国民用航空法》规定，因发生在航空运输期间的事件，造成货物毁灭、遗失或者损坏的，承运人应当承担责任；但是承运人证明货物的毁灭、遗失或者损坏完全是由于下列原因之一造成的，不承担责任，免责事项为：

1）货物本身的自然属性、质量或者缺陷。

2）承运人或者其受雇人、代理人以外的人包装的货物，造成货物包装不良的。

3）战争或者武装冲突。

4）政府有关部门实施的与货物入境、出境或者过境有关的行为。

3. 托运人的责任

（1）海运托运人的责任。《中华人民共和国海商法》第四章第三节规定了托运人的责任主要有以下几条：

1）妥善包装货物并正确申报货物资料。

2）办理货物运输手续。

3）托运危险品的责任。托运人托运危险货物，应当依照有关危险货物运输的规定，妥善包装，作出危险品标志和标签，并将正式名称和性质以及应当采取的预防危害措施书面通知承运人。

4）支付运费。

5）托运人对共同海损的分摊。共同海损是海上货物运输中的一项特别制度，它是指在同一海上航程中，船舶、货物和其他财产遭遇共同危险，为了共同安全，有意地合理地采取措施所直接造成的特殊牺牲、支付的特殊费用。共同海损应该由受益的各方进行分摊。

6）托运人对承运人的赔偿责任。由于托运人的过失造成对承运人、实际承运人的损失、或船舶的损失，由托运人承担赔偿责任。

（2）铁路运输托运人的责任。托运人在向铁路承运人托运货物时，应承担如下责任：

1）标志清晰真实。

2）按标准包装。

3）托运人应服从铁路规定。

4）及时支付运费

从一般意义上讲，托运人应在办理托运手续时按相关规定及时支付运费。但非正常或特殊情况下，如突发事件、自然灾害等，应根据国家的有关规定或与铁路部门协议执行。

（3）公路运输托运人的责任。公路运输托运人应负的责任基本与海上、铁路运输相同，主要包括：按时提供规定数量的货载；提供准确的货物详细说明；货物唛头标志清楚；包装完整，适于运输；按规定支付运费。

（4）航空运输托运人的责任。货物托运人在航空运输中应承担的责任有：

1）支付运费。

2）填写航空货运单，不仅要准确、真实，还要符合安检要求。

3）运输中不得有违禁物品。

4）运输物品要按标准包装。

第三节 货物运输保险

货物运输保险是以运输途中的货物作为保险标的，保险人对由自然灾害和意外事故造成的货物损失负赔偿责任的保险。

货物在运输过程中遭受各种自然灾害或意外事故，是买卖双方人力所不能控制的。一旦发生损失，买方收不到货，便可能陷入无力偿还银行贷款的困境；卖方可能无法收取货款，原材料输入方可能因此而停工停产等。

一、货物运输保险的作用

1. 及时补偿在运输过程中的货物因灾害事故而遭受的经济损失，有利于商品生产和流通顺利进行。

2. 通过承保和理赔，宣传防灾防损的意义，检查事故隐患，积累有关资料，总结经验教训，向有关单位提出合理建议，从而促进货物运输的安全，减少灾害事故损失。

3. 把不定的灾害事故损失变为固定的运输保险费支出，并将此项费用计入生产或营业成本，从而增强企业经营的财务稳定性，完善经济核算制。

4. 有利于促进货物运输的安全防损工作。

5. 有利于完善运输部门的运输负责制，保障货主利益，减少货物运输中的赔偿纠纷。

6. 有利于维护企业和国家在对外贸易中的信誉，增加外汇收入，节省外汇支出。

二、货物运输保险中主要险种的业务内容

保险险别是指保险人对风险和损失的承保责任范围。在保险业务中，各种险别的承保责任是通过各种不同的保险条款规定的。

我国货物运输保险险别，按照能否单独投保，可分为基本险和附加险两类。基本险可以单独投保，而附加险不能单独投保，只有在投保基本险的基础上才能加保附加险。

货物运输保险险种众多，其中根据运输工具就可以划分为铁路货物运输保险、水路货物运输保险、公路货物运输保险、航空货物运输保险、邮包运输保险、多式联运货物保险，以及其他运输工具货物运输保险。

其中：水路、铁路货物运输保险承保利用船舶和火车运输的货物，它是国内货物运输保险的主要业务，均分为基本险和综合险，并设有多种附加险；在此基础上，还衍生出鲜活货物运输保险和行包保险等独立险种。

公路货物运输保险是承保通过公路运输的物资，保险责任与水路、铁路货物运输保险的保险责任基本相同，该种保险随着我国公路建设和公路货物运输业的发展而在迅速发展。航空货物运输保险专门承保航空运输的货物，其责任范围相当广泛。

除以上基本的险种外，货物运输保险还有多种附加险。附加险往往承保着某一种较为特殊的风险责任，由保险客户根据自己投保货物的需要自主选择确定。例如：附加偷窃险、附加提货不着险、附加淡水雨淋险、附加短量险、附加混杂沾污险、附加渗漏险等。因此，对于多数货物运输保险业务而言，都由基本险或综合险加若干附加险组成。

对于需要由两种或两种以上的主要运输工具运输的货物保险，一般按相应的运输方式分

别适用各自保险条款。

1. 陆上货物运输保险

(1) 基本保险内容

1) 陆运险。对被货物在运输途中遭受暴风、雷电、地震、洪水等自然灾害；或由于陆上运输工具遭受碰撞倾覆或出轨；如有驳运过程，包括驳运工具搁浅、触礁、沉没或由于遭受隧道坍塌、崖崩或火灾、爆炸等意外事故所造成的全部或部分损失，负责赔偿。

2) 陆运一切险。除包括上述陆运险的责任外，对在运输中由于外来原因造成的短少，短量、偷窃、渗漏、碰损、破碎、钩损、生锈、受潮、受热、发霉、串味、沾污等全部或部分损失负赔偿责任。

在投保上述任何一种基本险别时，经过协商还可加保附加险。

(2) 除外责任。所谓除外责任是指保险公司明确规定不予承保的损失和费用。保险公司对于下列损失不负责赔偿。

1) 被保险人的故意行为或过失所造成的损失。

2) 属于发货人的责任所引起的损失。

3) 在保险责任开始前，被保险货物已存在的品质不良或数量短差所造成的损失。

4) 被保险货物的自然损耗，本质缺陷，特性以及市价跌落、运输延迟所引起的损失和费用。

5) 属于战争险和罢工险条款所规定的责任范围和除外责任。

(3) 责任起讫。即“仓至仓”。如未进仓，以到达最后卸载车站满 60 天为止。如果加保了战争险，其责任起讫自货物装上火车时开始，至目的地卸离火车时为止。如不卸离火车，以火车到达目的地的当日午夜起满 48 小时为止。如果在中途转车，不论货物在当地卸载与否，以火车到达中途站的当日午夜起满 10 天为止。如果货物在 10 天内重新装车续运，保险责任继续有效。

2. 海上货物运输保险

(1) 基本险别。中国人民保险公司所规定的基本险别包括平安险、水渍险和一切险。

1) 平安险。保险公司对平安险的承保责任范围：

①被保险货物在运输途中由于恶劣气候、雷电、海啸、地震、洪水自然灾害造成整批货物全部损失或推定全损。被保险货物用驳船运往或远离海轮时，每一驳船所装的货物可视作一个整批。

②由于运输工具遭受搁浅、触礁、沉没、互撞、与流水或其他物体碰撞以及失火、爆炸等意外事故所造成货物的全部或部分损失。

③由于运输工具已经发生搁浅、触礁、沉没、焚毁意外事故的情况下，货物在此前后又在海上遭受恶劣气候、雷电、海啸等自然灾害所造成的部分损失。

④在装卸或转运时由于一件或数件甚至整件货物落海造成的全部或部分损失。

⑤被保险人对遭受承保责任内危险货物采取抢救、防止或减少货损的措施而支付的合理费用，但以不超过该批被救货物的保险金额为限。

⑥运输工具遭遇海难后，在避难港由于卸货所引起的损失，以及在中途港、避难港由于卸货、存仓以及运送货物所产生的特别费用。

⑦共同海损的牺牲、分摊和救助费用。

⑧运输契约如订有“船舶互撞责任”条款，根据该条款规定应由货方偿还船方的损失。

2）水渍险。保险公司对水渍险的承保范围，除包括上述平安险的各项责任外，还负责被保险货物由于恶劣气候、雷电、海啸、地震、洪水等自然灾害所造成的部分损失。

3）一切险。一切险的责任范围是，除包括上述平安险和水渍险的各项责任外，还负责被保险货物在运输途中由于一般外来风险所造成的全部或部分损失。

（2）责任起讫。根据中国人民保险公司海洋运输货物保险条款规定，“平安险”“水渍险”和“一切险”承保责任的起讫，均采用国际保险业中惯用的“仓至仓条款”规定的办法处理。

仓至仓条款规定保险公司所承担的保险责任，是从被保险货物运离保险单所载明的起运港（地）发货人仓库开始，一直到货物到达保险单所载明的目的港（地）收货人仓库时为止。当货物一进入仓库，保险责任即行终止。

但是，当货物从目的港卸离海轮时起算满 60 天，不论保险货物有没有进入收货人的仓库，保险责任均告终止。

（3）附加险别。附加险是对基本险的补充和扩大。在海运保险业中，投保人除了投保货物的上述基本险别外，还可根据货物的特点和实际需要，酌情再选择若干附加险别。目前，中国人民保险公司《海洋运输货物保险条款》中的附加险有一般附加险和特殊附加险。

3. 航空运输货物保险条款

（1）基本险别

1）航空运输险。对被保货物在运输途中遭受雷击、火灾、爆炸，或由于飞机遭受恶劣气候或其他危难事故而被抛弃，或由于飞机遭受碰撞、倾覆、坠落或失踪等意外事故所造成的全部或部分损失负赔偿责任。

2）航空运输一切险。除包括上述航空运输险的责任外，还对由于外来的原因所造成的全部或部分损失负赔偿责任。

在投保上述任何一种基本险别时，经过协商还可以加保附加险。

（2）除外责任。除外责任是指保险公司明确规定不予承保的损失和费用。保险公司对于下列损失不负责赔偿。

1）被保险人的故意行为或过失所造成的损失。

2）属于发货人的责任所引起的损失。

3）在保险责任开始前，被保险货物已存在的品质不良或数量短差所造成的损失。

4）被保险货物的自然损耗，本质缺陷，特性以及市价跌落、运输延迟所引起的损失和费用。

5）属于战争险和罢工险条款所规定的责任范围和除外责任。

（3）责任起讫。即“仓至仓”。如未进仓，以被保货物在最后卸载地卸离飞机后满 30 天为止。如加保了战争险，其责任起讫自被保货物装上飞机时开始至目的地卸离飞机为止。如不卸离飞机，以飞机到达目的地的当日午夜满 15 天为止。如在中途港转运，以飞机到达转运地的当日午夜起满 15 天为止，装上续运的飞机时保险责任继续有效。

思考与练习

1. 什么是运输合同？

2. 公路运输合同有哪些特点？

3. 铁路运输合同有哪些内容？

4. 什么是仲裁？什么是诉讼？

5. 运输合同中责任是如何划分的？

6. 2014 年 11 月 20 日，天津飞腾有限公司与上海快达有限公司签订货物运输合同，关于此次合同具体内容见下表。

合　　同

客户	天津××××有限公司 姚××　1389998××××
收货人	上海××××有限公司 于××　1359163××××
装货地点	天津市经济开发区
卸货地点	上海市浦东区
货品信息	涂料 50 桶、规格 40 cm×50 cm，重量 3 000 kg
运杂费标准	运费额是 3 000 元，已保价

请根据以上信息填写运输合同。